JN174805

業界メガ再編で変わる

10年後の日本

中堅・中小企業M&Aが再編の主役だ

株式会社日本M&Aセンター

渡部恒郎

東洋経済新報社

はじめに

10年後の日本を左右する「第二の創業」

グローバルに見た企業の勢力地図は、この10年で大きく変わっている。２００７年当時、世界の株式時価総額ランキングでトップ10に入っていた企業のうち、今もランクインし続けているのはマイクロソフトだけだ。それ以外の会社は皆、入れ替わった。でも、それは決して悲しむべきことではない。それだけ株式市場が、時代の変化をきちんと評価していることの証でもあるからだ。

翻って日本を見てみよう。２００７年における日本企業の株式時価総額トップ10の顔ぶれは、２０１７年のそれとほとんど変わらない。トヨタ自動車、ＮＴＴ、ＮＴＴドコモ、三菱ＵＦＪフィナンシャル・グループなどは常連だ。世界の時価総額トップ10は、米アップルや米アマゾン・ドット・コムなどのＩＴ企業が7社も入るなど、この10年で大きな変化を遂げているのに、日本はほとんど変わらないまま今を迎えている。

Ｍ＆Ａコンサルタントとして、さまざまな企業経営者に寄り添い、業界再編を見てきた私は、今、問いかけたい。現在の日本企業は、「過去の延長線上」のモノや組織であふれていないだろうか？　あるいは創業者が掲げた「理想」や「社会的意義」「職業倫理」を忘れてしまってはいないだろうか。国家を代表するような新しい企業が誕生せず、一方で日本をけん引してきた大企業は不正会計やデータ改ざん等の不祥事を起こしている。このままでは、日本は本当に世界の潮流から取り残されてしまう。いまこそ、企業経営者だけではなく、一人ひとりが皆、日本の未来を真剣に考えるべき変革の時なのではないか。

ところで、現在、中堅・中小企業経営者の年齢のピークは66歳であることをご存じだろうか。この値は20年間で19歳も上昇した。経営者年齢は若返っていないのだ。今後10年で、多くの経営者が引退していくだろう。中堅・中小企業が99％を占めるこの日本で、変革のカギを握るのは中堅・中小企業の次なる一手だといっても過言ではない。多くの企業が次のステージへ向かう今こそ、私はあらためて「創業者」の志に向き合うべきだと考えている。

創業者は偉大だ。

多くの創業者は、心の中で「この世の中を、時代を変えてやろう」という信念を持って起業する。こうして生み出した会社を永続的に発展させ、より良い会社にしていくことは、創業者にとって最大の責務であるのと同時に、究極の目的であるともいえる。しかし、どれだけ強い想いを持って起業したとしても、経営者が二代目、三代目とバトンパスされていくなかで、理念は形骸化し、目的をはき違えてしまったり、本当の意味でリスクを取り責任を負える人材が社内にいなくなっていったりする。「サラリーマン的会社経営」が続くと、創業時に思い描いた理念も抽象化され、形骸化されていきがちだ。したがって創業者は、自分自身がいなくなった後も組織が繁栄していくために必要なことを早いうちから認識し、一刻も早く手を打っておく必要がある。

そこで会社を発展させ続けるために必要なのが、二回目の創業、すなわち「第二創業」である。もう一度起業するような、ダイナミックな変革を企業にもたらすということだ。「第二創業」するには、自社だけでなく、「業界全体」や「国家」を考える「強い意志」が必要だ。もう一度、原点に立ち返って企業の目的や職業倫理を考えることによって、ビジネスを進化させるのである。

創業者が偉大であるがゆえに、「第二創業」のハードルは高く感じるかもしれない。しかし、機会がないわけではない。オーナー経営者の交代時、親族への承継時、あるいは業界再編が起こっているタイミングをチャンスと捉えて、「第二創業」を行うことはできる。過去の延長線から抜け出しビジネスを進化させるために、業界再編の動きに加わって1社だけではできないことを複数社で実現していくこともできる。事業に行き詰まったときこそ、自社だけでどうにかしようなどとは考えず、他社と手を組むことを厭わないのが一つの答えだ。

業界全体で手を組み大きな成功を収めた事例がある。1990年代、メジャーリーグと日本プロ野球の総売上は約1500億円程度で同等であった。にもかかわらず、メジャーリーグだけが急成長を遂げ、現在ではなんと約5倍の差がついている。メジャーリーグは業界全体が成長するために、球団間の垣根を取り払い、球団同士が手を組む経営戦略を選択した。具体的には、リーグ全体のインターネット広告、チケット販売、海外の放映権料やリーグスポンサーからの収入などを統括し、全体の収益を各球団に分配することによって大きく成長を遂げたのだ。日本プロ野球では、テレビの放映権、ネット配信なども各球団がそれぞれ個別に行い、結果として総売上でメジャーリーグに大きく水をあけられてしまった。他社と手を組むことを躊躇していては、ビジネスを進化させるチャンスを失ってしまう。

「過去からの延長」「横並び主義」「既得権益の保護」を重視している場合ではない。一つの会社内の同じような事業で支店間・部署間のシェア争いなど論外だ。ビジネスを進化させなければ、日本はグローバル化の波から取り残されてしまうのである。

経営者の「志」から変革を予想し、10年後を想像する

2018年を目前にした今、10年後の2027年がどういう状況になっているのかを想像することは容易ではない。自分自身の10年後、自分が勤めている会社の10年後、会社が属し

ている業界の10年後、それらをすべて包含した、日本という国の10年後を明確に予測できる人は、皆無に等しいのではないだろうか。

世界は日々、変化している。変化の度合いは、1日単位で見ればごくわずかだが、10年が経過すると、その変わり様は想像もつかないほどだ。

今から10年前に遡ってみよう。時は西暦2007年。

経済的には2003年から続いていた景気拡大局面の最終段階だ。しかし、まさかその後、サブプライム・ショックを引き金にしてリーマン・ショックが起こり、ギリシャ危機や欧州通貨危機が起こって、世界経済が激変するとは誰も予想していなかった。円相場(ドル)1ドル＝76円台を記録した日本では、民主党政権が誕生し、デフレが極みに達して再び自民党政権が復活、アベノミクスが行われ、黒田日銀総裁が異次元金融緩和を行う、などという状況は、恐らく誰も見当もついていなかっただろう。

アップルがiPhoneを世に出した2007年1月当時、スマートフォンが生活のあらゆるところに入り込んでくる今の状況など、想像もつかなかった。今では、アマゾンプライムに入会し年3900円の会費を払えば、さまざまな音楽、映画がダウンロードできてしまう。このサービスは、もちろん2007年当時には存在していなかった。CDが売れなくなる日がこんなにも早くやってくることを想像できたであろうか。この変化は、レンタルビデオ業界にとって、まさに死活問題だろう。それほどの変化が、この10年で起きた。これから先の10年は、ＡＩ（人工知能）、ビッグデータ、ＩｏＴといったテクノロジーの進化によって、私たちには想像もつかないスピードの変化に見舞われることになるだろう。

だからといって、未来が想像できないことは、必ずしも脅威ではない。これまで多くの創業者が「世の中を変えたい」と強く願って会社をつくり、社会をつくってきたように、新たな「創業の志」でもって、「第二創業」を実現し、前向きな未来にしていくチャンスである。

本書は、「10年後」をキーワードに、企業がどうなっていくのか、業界がどうなっていくのかを国内のＭ＆Ａの動向と複数の業界のリーディングカンパニーの経営者へのインタビューを通じて明らかにしたものだ。10年後は分からない。しかし、経営者一人ひとりの強い「意志」が企業、そして日本全体の変革をもたらすのではないだろうか。

本書を通じて、経営者の「意志」を感じてもらいたい。Ｍ＆Ａのコンサルタントとして多くの尊敬する経営者に出会ったことが、本書を書くきっかけとなった。経営者に限らず、全てのビジネスパーソンにも手に取っていただき、日本の未来を考える一助にしていただければ、筆者としてこれに勝る喜びはない。

目次

はじめに……003
10年後の日本を左右する「第二の創業」……003
経営者の「志」から変革を予想し、10年後を想像する……006

第1章 10年後の日本へ

「規模拡大」「競争」の時代からの脱却 「業界再編時代」へ……016
ビジネスを進化させる時代――「第二創業時代」への号砲が鳴った……020
歴史から考える今後の課題……021
国内の企業数が減少し、加速する業界再編……024
10年後の日本へつながる業界再編の波……026

変革の時代にますます重要になっていく経営の「志」 …… 034

第2章 業界メガ再編時代の今を読み解く

他人事ではない「業界再編」 …… 038
今、日本で起きているさまざまな業界再編 …… 040
「業界再編」とは、新しいビジネスへの挑戦である …… 042
業界再編が避けられない三つの理由 …… 043
理由1▼「人口減少」を乗り越える必要性 …… 044
理由2▼成熟期を迎えた業界が次へ向かう必要性 …… 045
理由3▼インターネットの普及によるデータベース構築の必要性 …… 046
業界再編五つの法則 …… 047
法則1▼どの業界も大手4社に集約される …… 047
法則2▼上位10社のシェア10% 50% 70%の法則 …… 050
法則3▼6万拠点の法則 …… 055
法則4▼1位企業10%交代の法則 …… 058

法則5▼Winner-Take-Allの法則……060
どのような業界で再編が起こりうるのか……062
再編のペースに乗り遅れないためには……065
業界再編M&Aを加速させる九つの要因……067
中堅・中小企業のオーナー経営者が取るべき選択肢……070
業界再編時代のM&Aの特徴と、成功のポイント五つ……074
業界再編時代に求められるのは競争ではなく協調……079
あるべき姿を考え抜くことが飛躍的成長につながる……081

第3章 業界のプロが考える10年後の業界地図

食品業界 日本ハム株式会社 取締役専務執行役員 **大社啓二**氏……084
食品業界動向……090
IT業界 株式会社オプトホールディング 代表取締役社長グループCEO **鉢嶺 登**氏……098
IT業界動向……104

ファシリティマネジメント業界
イオンディライト株式会社 代表取締役社長 兼 社長執行役員 中山一平氏……112
建設・設備工事・ファシリティマネジメント・不動産業界動向……118
医療業界
医療法人伯鳳会 理事長 古城資久氏……126
医療業界動向……132
介護業界
株式会社学研ココファンホールディングス 代表取締役社長 小早川 仁氏……140
介護業界動向……146
調剤薬局業界
株式会社メディカルシステムネットワーク 代表取締役社長 田尻稲雄氏……152
取締役副社長 秋野治郎氏……155
取締役専務執行役員 田中義寛氏……157
調剤薬局業界動向……158
会計事務所業界
IG会計グループ 代表 岩永經世氏……168
【コラム】京都大学大学院 澤邉紀生教授……173
会計事務所業界動向……174
物流業界動向……182

製造業界動向……190

第4章

M&Aで「第2創業」を実現する

「おめでとう」といわれるM&Aで未来へつなぐ

競争よりも協調……200
過去10年間で定着した「事業承継問題」の解決策としてのM&A……202
M&Aは祝福されるものである……204
IPOかM&Aか？ ベンチャー企業のイグジット……208
会社を売って感謝される時代に――「買いたい」会社にする……211
【Interview】バイザー株式会社 前社長
米田昌弘氏に聞く
優良ベンチャー企業経営者がIPOではなくM&Aを選んだ理由とは……220
【Interview】株式会社グロービス・キャピタル・パートナーズ マネージング・パートナー
仮屋薗聡一氏に聞く
ベンチャーキャピタリストから見た、これからの日本に必要なこと……226

第5章 日本の未来を切り開く経営の志

これからの日本企業にとって必要なのは「志」だ …… 234

【Interview】
freee株式会社 代表取締役
佐々木大輔氏に聞く
イノベーションを起こせるのは信念 …… 236

【Interview】
株式会社レノバ 代表取締役会長
千本倖生氏に聞く
業界再編は志のある経営者が主導する …… 244

おわりに …… 258

写真撮影
今井康一（P152、P154、P156、P157、P220、P223、P226、P230）
梅谷秀司（P084、P087、P112、P115、P140、P143、P168、P171、P173）
尾形文繁（P098、P102、P126、P131、P244、P252、P253）
山名一郎（P236、P241）

第1章

10年後の日本へ

「規模拡大」「競争」の時代からの脱却「業界再編時代」へ

戦後、本田宗一郎や松下幸之助、盛田昭夫などが、日本経済を支えるという壮大なビジョンを持って創業し世界に名をとどろかせる日本企業が生まれた。しかし近年、かつての本田技研工業（ホンダ）やソニーのような、世界レベルで活躍しているといえる日本企業はほとんど見られなくなった。現在、中国のアリババやテンセントの株式時価総額が40兆円を超え世界のトップ10入りする一方、ホンダやソニーの株式時価総額は6兆円前後と、中国企業のわずか6分の1に低迷している。日本で時価総額1位のトヨタ自動車ですら、23兆円にとどまる。１９７０年以降に創業した日本企業のうち、世界の株式時価総額上位において健闘しているのは、10兆円のソフトバンクグループとＮＴＴドコモ、そして7兆円のキーエンスの3社だけだ。

日本は今、人口減少という大きな問題を抱えている。しかし、それだけが経済縮小の理由だろうか。真の問題は、多くの企業にチャレンジ精神が無くなっていることではないだろうか。その原因の一つが、日本企業の大半を占める中堅・中小企業の経営者年齢のピークが66歳、平均年齢が60歳という事実だ。高齢化した経営者に、若い頃と同じチャレンジ精神を求めるのは少々酷なことかもしれない。加えて、本来ならチャレンジ精神にあふれているはずの若手経営者への事業承継がうまく進んでいないことも、日本企業の活力低下につながっていると思う。

過去を振り返ると、1980年頃から多くの企業が生まれ、あらゆる業界で激しい競争を繰り広げてきた。同じようなビジネスモデル、似たような商品であっても、国内市場が成長している間は、それで良かったのかもしれない。

しかし現在、市場が成熟していくにつれ、似通った製品やサービスを提供する企業が増えてしまった。結果、価格競争に陥り、国内での戦いで消耗しているうちに、「本当に必要なサービス」を提供できず、海外市場での競争力も失ってしまうという状態だ。

たとえば製油所。日本は石油業界の再編が遅れており、2017年8月時点で国内の製油所は23か所もある。一方で、再編が進んだ韓国では、全部で5か所ある製油所1か所当たりの精製能力が、日本の3倍にも達し、競争力に大きな差が開いている。このように、国内市場での戦いにばかり目を向けていると、海外で戦っていけなくなるのだ。

携帯電話の分野においても、日本国内では各社が似たような機能を持つ携帯電話を作り、価格競争を展開したものの、最終的に消費者のハートを射止めたのは、アップルの「iPhone」だった。日本企業は顧客に目がいかず、国内の競合企業との競争に終始してしまった。

半導体メーカーや家電メーカーも、国内で激しく競合してきた。しかし韓国や中国に目を向けると、企業数こそ少ないものの、サムスン電子やLGエレクトロニクスなどの経営規模は日本の家電メーカーに比べて格段に大きい。技術開発やマーケティングのための投資金額が彼我の差となり、日本の家電メーカーは技術革新で後れを取ってしまった。

また、日本の家電メーカーの多くは、カンパニー制を採用しているせいか、事業部ごとの技術や技能の共有に乏しい。たとえば台湾の鴻海精密工業傘下に入る前のシャープは、液晶の分野で突出した技術力を持っており、以前はテレビをはじめとして携帯電話、ビデオカメラ、ゲーム機など、コア技術を生かしさまざまな分野へ応用していった。しかし現在では相互利用しているのは主にブランド名程度に過ぎない。

日本の組織風土では、「過去からの延長」が好まれる。「派閥」が自然発生し、顧客が求めている本当に重要なものを社外に目を向けて探すよりも、社内に目を向けた人材が高く評価される。だから、「創造性」と「独自性」を持った優秀なビジネスパーソンや、壮大な「志」を持った起業家が育たない。この土壌を入れ替えなければ、日本経済はじり貧となっていくだろう。日本は明らかに成熟期を迎えている。

では、成熟した日本で、企業はこれからどのような道を歩むべきなのか。

成熟期は、競争を終える時期だ。似通ったビジネスを日本にあふれさせ、そのなかでシェアの奪い合いに狂奔するのではなく、同じビジネス、同じ志であれば手を組んで、積極的に協調する時代である。つまり、「業界再編時代」にきたのだ。

「業界再編型のM&A」というと、同業種でくっつき、経営規模を大きくすることと誤解されている場合が多い。確かに、一見すると「業界再編時代」に起きているM&Aは、同業種でM&Aをし、シェアを獲得していくことだが、経営者が真に目指しているのは、「規模の拡大」ではなく、「ビジネスを進化させること」にある。

たとえば、タバコ屋はコンビニエンスストアになり、コンビニエンスストアは飲食料品の販売をベースにしつつ、ATMを設置することで金融機関になり、宅配業務を行うことで物流の拠点となり、さらに公共機関業務にもビジネスを広げている。

駐車場のビジネスは、停められる車の台数が数台程度だと駐車場だが、同業で手を組み全国規模になると、パーク24のように駐車場事業を進化させ、レンタカー事業やカーシェアリング事業にもビジネス領域を広げられるようになり、交通インフラの総合プロデュース企業になった。

単に規模拡大や同業者との争いに勝つことを目的にしたM&Aではなく、過去の延長線上から抜け出し新しい業態を生み出したり、次のステージに進んだりすることを目的とした「業界再編型のM&A」が有効な時代はすでに到来しているし、今後もさらに進んでいくと考えられる。

ビジネスを進化させる時代
――「第二創業時代」への号砲が鳴った

「M&Aによる業界再編時代」とは、「二回目の創業をし、ビジネスを進化させていく時代」であるともいえる。成熟した日本で過去の延長でのビジネスをしていては苦しくなる一方である。明確な経営ビジョンを持ちながらも、新しいステージに進むべく、もう一度創業しなおすくらいのインパクトが求められる。本書では、M&Aなどによって会社を生まれ変わらせビジネスを進化させることを「第二創業」と呼ぶことにする。

景気が良い時は、ビジネスの「多角化」が進み、不景気になると「選択と集中」がはじまる。現在は景気が良いため、むやみやたらと多角化を目指す企業も散見される。

しかし、M&Aによる無謀な規模の拡大は一切お勧めしない。積極的な事業拡大、特にM&Aを活用して会社が大きくなったとしても、それによって得られるメリットが顧客、社員の両方にない場合、「ただの拡大」に過ぎず、いずれ終焉を迎えるからだ。

「ビジネスの多角化」ではなく、「ビジネスの進化」を追求する、第二創業時代に向けて重要なことは、強い信念を持ってビジネスをすることであり、揺るぎない志を持っていることである。横並び主義や単なる規模の拡大、多角化では、ビジネスを進化させることはできない。経営者の大量引退を迎える2018年以降、「第二創業」できるかどうかが生き残りの条件だ。

歴史から考える今後の課題

これまで日本がどのように発展してきたのかについて、少し振り返ってみよう。

1950年から1973年までの間に、日本の1人あたりの実質所得は実に6倍に拡大した。アジアでの1人当たり実質所得の成長率は、年率2・6%だったのに対し、日本は8%も成長していた。1950年時点では、ヨーロッパ諸国の3分の1程度の実質所得だったが、戦後、教育水準の高い日本の労働力に支え

図表1-1　日本のGDP推移

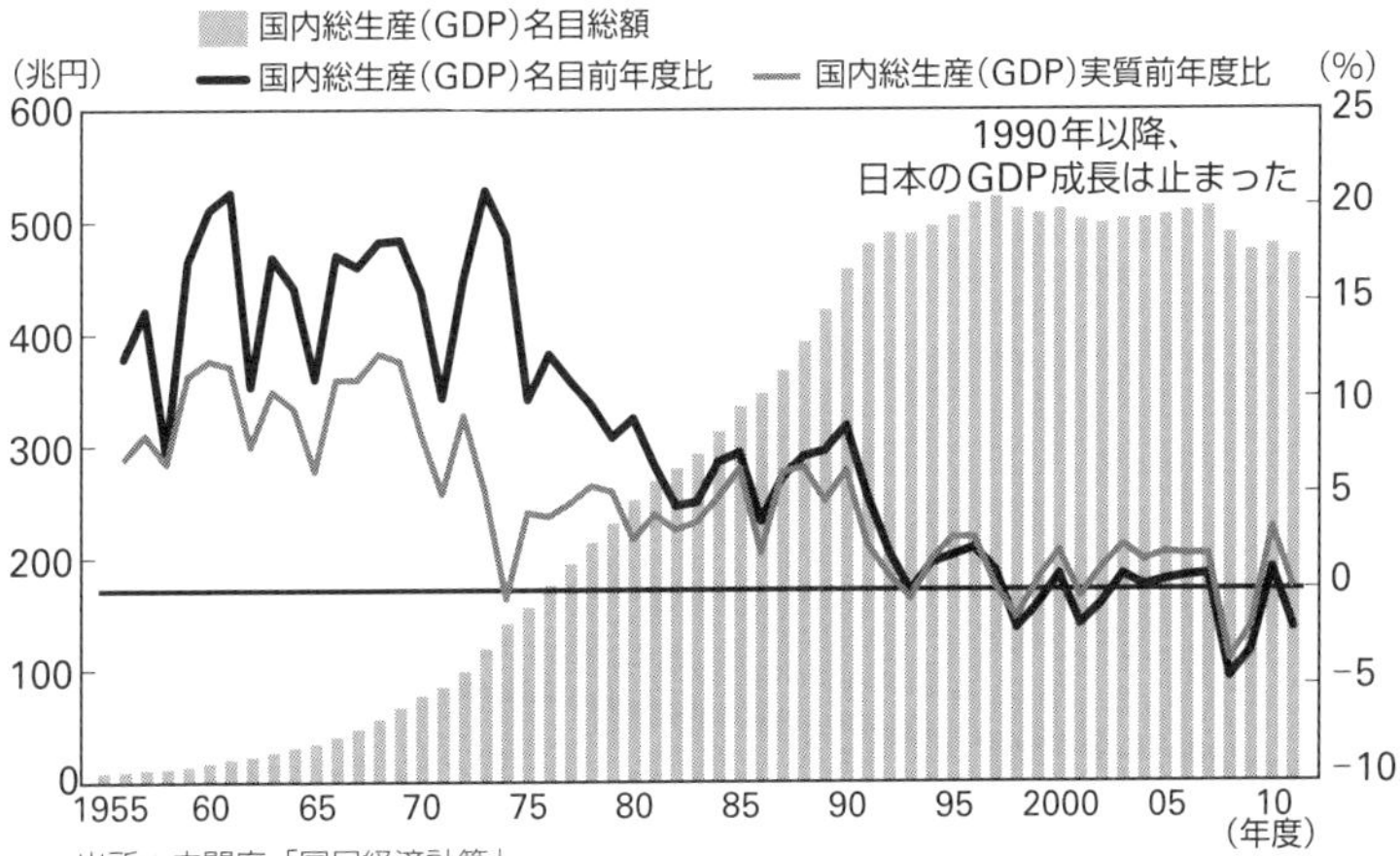

出所：内閣府「国民経済計算」

図表1-2　日本・アメリカ・ヨーロッパの株価推移

日本の株価は半分に、アメリカは4倍、ヨーロッパは4.5倍になった

	日経平均株価	ダウ平均株価	ユーロ・ストックス50指数
1989	38,916	2,753	1,098
1990	23,849	2,634	859
1991	22,984	3,169	1,000
1992	16,925	3,301	1,034
1993	17,417	3,754	1,433
1994	19,723	3,834	1,321
1995	19,868	5,117	1,507
1996	19,361	6,448	1,850
1997	15,259	7,908	2,532
1998	13,842	9,181	3,342
1999	18,934	11,497	4,904

注：ユーロ・ストックス50指数は、ユーロ圏主要12か国から選出される50銘柄の時価総額加重平均指数。いずれも12月終値。
出所：日経平均プロフィル、Yahoo!ファイナンスより日本M&Aセンター作成

られ、一気に成長モードに突入。1955年以降は安定した政治体制のもと官僚の政策、銀行の提供する金融や優秀な人材、大企業の系列と大企業の下請けである中小企業が生産体制を支えてきた。労働者は労働組合で保護され、終身雇用で働く仕組みができた。産業保護政策によって、労働生産性の上昇は緩やかになったが、労働量でそれをカバーしてきた。結果、1960年から1990年にかけて、国内総生産（GDP）は年率平均6・2％で成長し、自動車、鉄鋼、工作機械、家電メーカーの生産性は、世界をリードするレベルとなった。

しかし、バブル崩壊後は平均してわずか1％の成長にとどまっている。1989年から1999年の間に、日本の株価は半分となり、地価は3分の1まで下落した。なお、この間にアメリカは株価が4倍、ヨーロッパは4・5倍になっている。銀行は巨額の不良債権を抱え、

図表1-3　日本の総人口推移

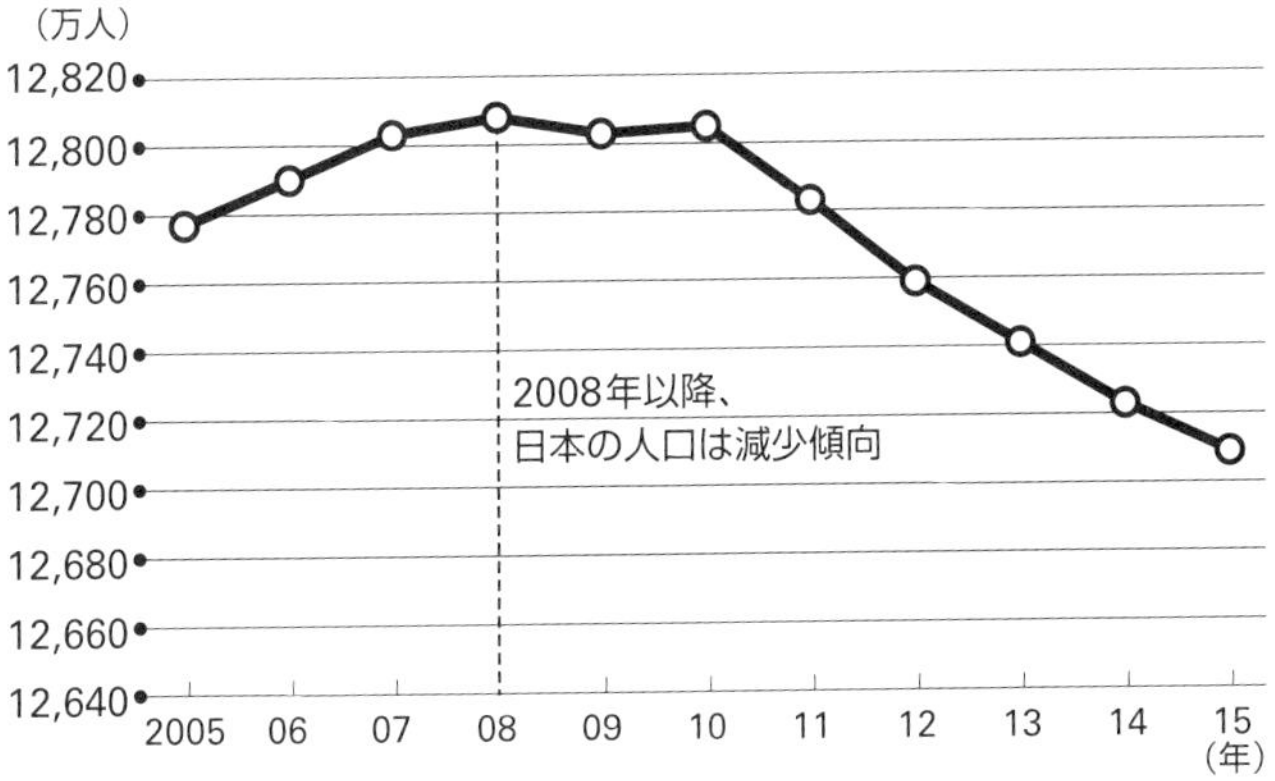

出所：総務省統計局

新規貸し出しを躊躇するようになった。倒産して当然の金融機関や企業を、国が支援したことにより、問題は長期化した。同業種において、国内で強い企業が複数存在し、競合する状態となり、多くの業種で激しい価格競争が繰り広げられ、デフレに陥った。

さらに、日本の人口は２０００年頃から伸び悩み、２００８年以降は減少傾向にある。個人消費支出がＧＤＰの60％程度を占めている日本にとって、人口減少の影響は計り知れない。高齢化による医療費等も膨大で、現在、およそ５００兆円のＧＤＰのうち、１１９兆円は社会支出に振り分けられている。今後10年間の日本を考えたとき、特に医療業界のイノベーションや生産性の向上は、非常に重要なテーマであるといえよう。加えて２００８年のリーマン・ショックでは、またもや問題の先送りが行われ、広範な保護政策や規制によって「延命された企業」が増加。ここでも新陳代謝は起こらなかった。

国内の企業数が減少し、加速する業界再編

国内企業の数は減少の一途をたどっている。

「中小企業白書」によると、中堅・中小企業等数は、２００７年時点で４２０万だったが、２０２７年には３５０万程度まで減ることが予想されている。しかしバブル崩壊後およびリーマン・ショック後の問題先送り型経済政策によって、今も生き残っている企業の中には、生産性の低い企業が多く含まれている状態だ。

これは中堅・中小企業に限った

図表1-4　中小企業等数の推移

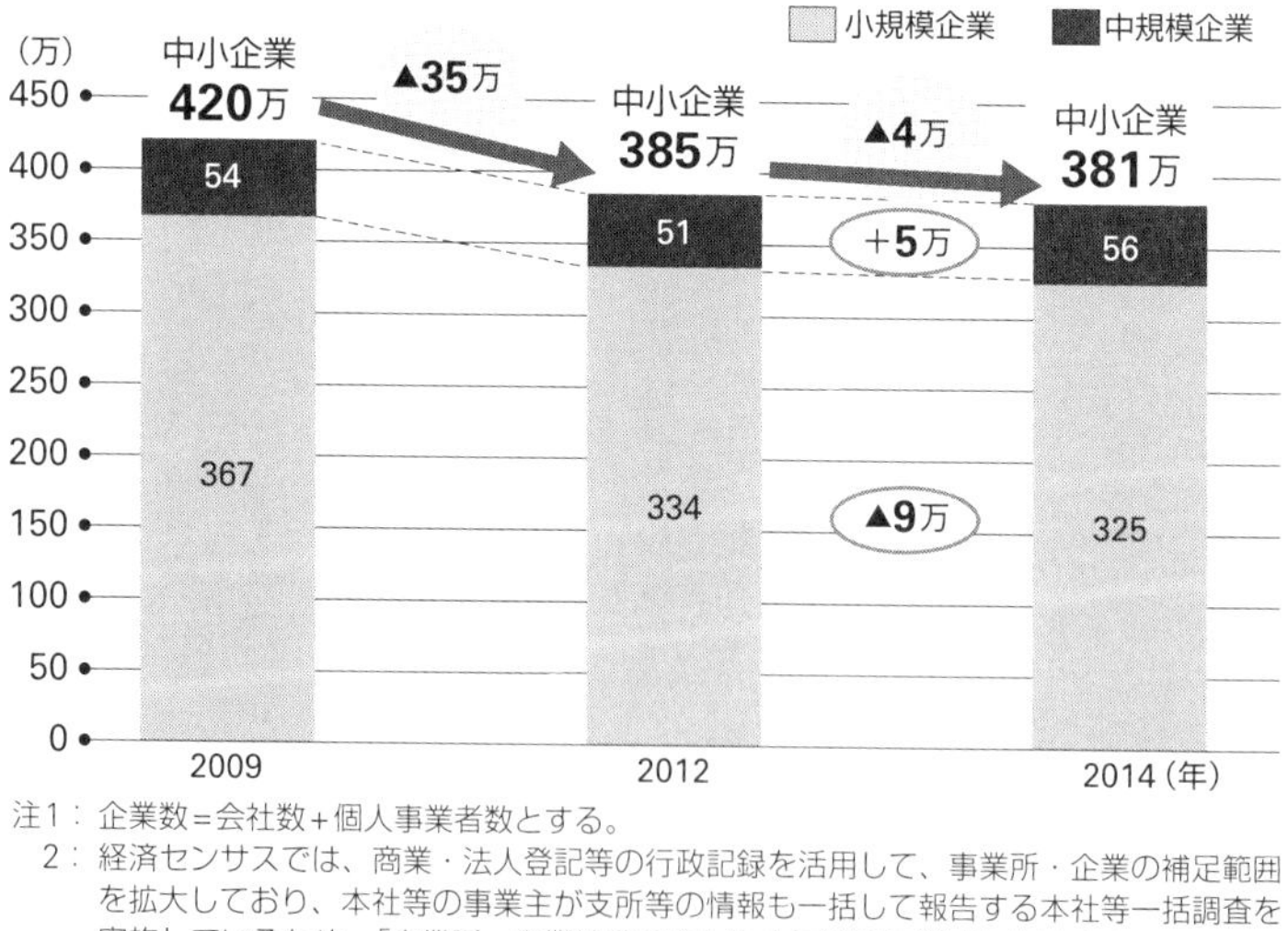

注1：企業数＝会社数＋個人事業者数とする。
　2：経済センサスでは、商業・法人登記等の行政記録を活用して、事業所・企業の補足範囲を拡大しており、本社等の事業主が支所等の情報も一括して報告する本社等一括調査を実施しているため、「事業所・企業統計調査」による結果と単純に比較することは適切ではない。

出所：中小企業庁調査室「2016年中小企業白書」、総務省「平成11年、13年、16年、18年事業所・企業統計調査」、「平成21年、26年経済センサス－基礎調査」、総務省・経済産業省「平成24年経済センサス－活動調査」をもとに作成

問題ではない。前述したように、日本には似通った事業内容を持つ企業が多すぎる。たとえば、都市銀行はかつて13行もあったが、その後、現実に業界再編が進んでみると、現在の大手4行体制で誰も不自由しないことが分かってしまった。

お金の流れを決定づける金融機関が4行で、モノの流れを決定づける総合商社は5社である。**今後、日本の成熟産業では業界再編が加速し、上位3～5社でシェア90%を占める時代になるだろう。**上位3～5社で90%のシェアになれば、営業や間接部門での非効率性は薄れ、事業体として次のステップへ進める。国内においては、自動車、航空、海運、鉄鋼など各業界における再編が最終局面に入っている。

医薬品卸、家電量販店、コンビニエンスストア、ビール業界などは、この10年間で大手4社以内に集約された（詳細は第2章）。ドラッグストア、スーパーマーケット、タクシー、ガ

図表1-5　銀行は大手4行体制へ

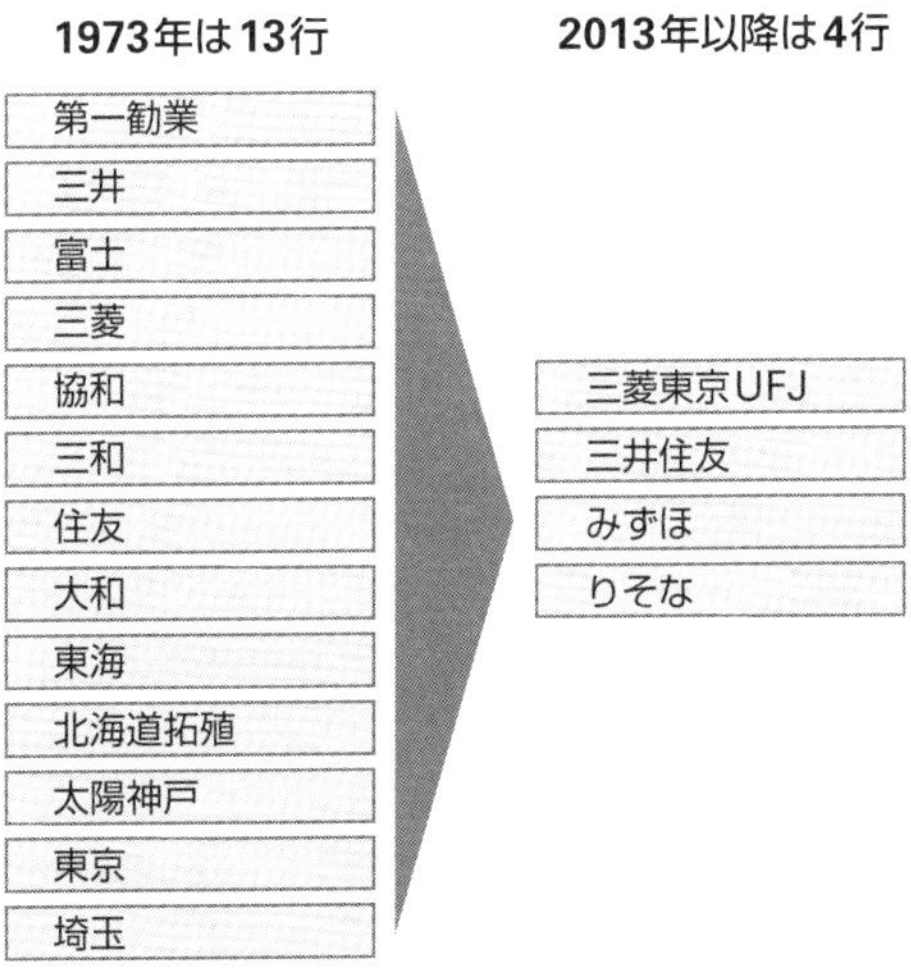

※制度発足時
出所：日本M&Aセンター作成

ソリンスタンド、学習塾業界などでも、業界再編に一定の進展が見られる。今後、地方銀行や信用金庫などの金融業界、ソフトウェア受託開発を筆頭にしたＩＴ業界、電気工事や空調工事などの工事関連、拠点数が６万程度に達しているが再編が遅れている調剤薬局業界、運送業界、人材派遣業界などで、中堅・中小企業の再編が一気に加速するフェーズとなる。

では、これからの10年はどうなっていくのか。これまでの業界再編の波を踏まえながら、これからの波を予想してみようと思う。

10年後の日本へつながる業界再編の波

①ＩＴによる旧態依然とした業界の変化と進化

業界再編の動きには、三つの波がある。

第一の波は、「旧態依然とした業界が変わっていく」ことだ。インターネットの普及に伴う変化の波は、クラウド化が進むにつれて、広告や人材、金融など、インターネットと相性の良い業界にとどまらず、本来はインターネットと親和性が低いとみられていた、旧態依然とした業界にも及んでいる。

たとえば、ホテル業界では民泊のエアビーアンドビー（Airbnb）、タクシー業界では配車アプリのウーバー（Uber）といったシェアビジネスが出現し、日本でも行政ルールの変更が議論されている。特にタクシー業界では、ウーバーテクノロジーズ（Uber Technologies）の出現によりサンフランシスコ最大のタクシー会社Yellow Cab社が、チャプター11（米連邦破産法第11条）による破産手続申請を行うという事態も起きている。農業や医療、建設をはじめとする、規制に守られ長い間業務内容に変化がないような業態では、今後事業構造が大きく変化していくだろう。業界におけるルールの変更は、各業界に破壊的なイノベーションを巻き起こす。既得権益や法規制に守られた業界ほど、その傾向は顕著になる。

あるいは、税理士や弁護士、医師などの専門家と顧客の関係も、大きく変わっていく。かつては専門家と呼ばれる人たちが占有していた知識や情報が、インターネットを通じて誰でも簡単に調べられるようになってきたからだ。たとえば、患者があらかじめ情報収集をすることによって、医師に治療方法について要望を伝えることも増えてきたという。税理士よりも顧客の方が、より詳しい税知識を持っていることもありうる。つまり、誰でも簡単に情報を手に入れられるような状況において、特に専門性の高いソリューションビジネスでは、多くのデータを抱えあらゆる相談に対応できることが優位性につながるのだ。

経験則による解決よりも蓄積したデータによる解決の優位性が高まってきているだけではない。データや情報はインターネットを通じて公開され、より速く、より遠く、より広く伝達されるようになった。加えて、インターネット上に流れているデータや情報には保存性があるため、個人においてだけでなく、企業全体においても、過去は消せない時代になっている。結果、改めて考えれば当たり前のことではあるが、「正しいことをする」ことが、より一層経営の王道となるだろう。経営を続けていくうえで、倫理観を保ち続けることがますます重要になっていく。インターネットの普及に伴い、世界における「つながり」は複雑に、そして強固になってきているといえる。

技術革新のスピードは、どんどん速まっている。

総務省の平成29年度版「情報通信白書」によると、2000年の世界における携帯電話の普及率は、12・1％であったが、2015年になると98・6％にまでなった。また、スマートフォンについては、2017年度現在で全世界での利用台数が40億に達しているとも推計される。新しいサービスや技術が浸透するまでの時間は、驚くほど速くなっている。世界で利用者数が5000万人に達するまでにかかった時間は、ラジオが38年、テレビが13年に対して、インターネットやフェイスブックは4年以内、LINEに至っては399日であった。これまで製造業などにおいて、先進国が最先端の新製品をつくり、発展途上国ではその廉価版が販売されるということが多かったが、世界中からアクセスできるインターネットを活用すれば、発展途上国から新サービスが生まれ世界中に広がることも出てくるだろう。技術革新によって市場や業界は絶えず変化している。

成熟経済の下では、大企業の大量生産が必ずしも唯一の正解ではない。経済の成熟に加えインターネットが普及したことにより、顧客ニーズは細分化され、大量生産品よりも、洗練された商品や細かいニーズに対応した商品が好まれるようになっていく。大手企業が作る大量生産・大量消費の商品は、特定のマーケットにおいては、小回りが利く中堅・中小企業に勝てないケースも出てきている。きめの細かいマーケティングや商品作りをするには、たとえ大企業であったとしても、中小の集合体の方が強みを発揮しやすい。もちろん大企業ならではのポートフォリオ経営や大量生産の強みもあるが、一方で多品種小ロットに対応しやすい中堅・中小企業に新しいチャンスが巡ってきやすいとも考えられるのだ。これまでの大企業だから安泰という発想はいよいよ通用しなくなる。

② 業界・部署・技術の境界線がなくなっていく

10年後の日本へ繋がる二つ目の波は、あらゆる境界線が曖昧になっていくことだ。これもＩＴの影響であるが、重要なのは、業界や部署、技術などに境界線を引くのではなく、「いかに連携するか」なのだ。

たとえば製造業では、製品や部品ごとの境界が薄まっている。モジュール化（標準化した部品の組み合わせで製品を設計すること）や、３Ｄプリンターの登場などによりコピーできる範囲が広がったことで、多品種小ロットのものまでも生産できる機会が格段に増加している。また、ＩｏＴ（モノのインターネット化）やロボット技術の進化によって、産業間の境界線が薄れてきた。ＩＴと金融の融合で生まれたフィンテック、ＩＴと医療の融合で生まれたヘルスケアテックなど、住宅、広告、人材、自動車、宇宙というように、あらゆる業界において「テクノロジーをどう活用するか」ということの重要性が高まっている。

ＩＴ業界と比較的古い業界との親和性が高いことも判明してきた。駐車場のカーシェアリングサービスに代表されるように、交通インフラ、農業や建設、医療など「変化に乏しかった古い業界」のビジネスをＩＴの力で一変させてきている。

またＩＴ業界に限らず、その他の業界も密接に近づいてきている。たとえば、「医療業界と旅行業界」は、メディカルツーリズムという新しい業態を生み出した。サブセクターにおける境界線も消えてなくなっていく。金融業界における銀行・証券・保険などの境界や、建設業界における設備工事・電気工事・管工事、医療業界におけるドラッグストア・調剤薬局・病院・介護、小売業界におけるスーパーマーケット・コンビニエンスストア・ドラッグストア・百貨店などの垣根がなくなってきて、同じ顧客をターゲットとした大きな業界ができつつあるのだ。それにより、ドラッグストアのように、小売業界であり、かつ医療業界にも属するといった業界も存在するようになっている。

産業間の境界線を乗り越えることで経営が上向くケースがある。たとえば、ドン・キホーテは経営がうまくいかないユニーの株式を40％取得した。総合スーパー（GMS）も20年近くビジネスモデルが旧態依然としており、進化しなかった業界だ。一方で、ドン・キホーテは常に店舗を進化させてきた。ドン・キホーテは長崎屋でGMSを再生した実績もあるが、GMSで特に苦戦している2階や3階部分を、ドン・キホーテが得意とする日用品雑貨売り場に業態転換することで成功している。集客においても独自のノウハウがあり、10％はユニーの集客が増加することを見込んでいる。

産業間の境界線が消えつつあるなか、企業におけるカンパニー制度の是非も問われている。たとえば、「ガスト」や「ジョナサン」などを展開するすかいらーくでは、カンパニー制を取ったことにより、グループ傘下企業同士の競合が激しくなった。「ガスト」と「ジョナサン」はライバルになり、同じようなメニュー、同じような外装で、同じような広告を打つようになり、カニバリゼーション（自社内競合）を引き起こした。にもかかわらず、システムは各カンパニーが別のものを使うなど、非効率な状況にある。成長期には独立した経営、競争する経営が優れた成果を発揮するが、成熟期、衰退期にはそぐわない。

他の業界においても同様のことがいえる。大手食品メーカーでは、二つの部署で似たようなからあげを別々に生産して、その品質を競っていた。成長期には競争が刺激になり、いち早く市場を獲得することに寄与したが、成熟期において、この手のカニバリゼーションは意味を持たない。そればかりか、似たような製品・サービスによる競合で価格競争が激化すると、企業の体力は削り取られ、それがやがて日本経済全体を蝕むことにもつながっていくのだ。それだけは避けなければならない。

これからの10年、あらゆる境界線がなくなっていく。過去の延長でビジネスを考えるのではなく、また変革の波に飲み込まれることなく、自ら変革を起こしビジネスを進化させていくことが重要だ。

③インフラ化から「顧客定義によるプラットフォーム化」戦略

国境やビジネスの境界線が薄れていくなかで、自らの顧客を定義しプラットフォームを作り上げることがますます重要になってきている。日本の成長期においては、電気やガス、鉄道、銀行など社会の大多数のインフラとなることが重視された。インフラがほぼ完成し成熟期に入るなかで、今後10年は顧客をどのように定義し、その顧客のために自社が何のプラットフォームになるか再検討すべきだろう。

日本M&Aセンターは「企業の存続と発展に貢献する」ことを経営理念においている。M&Aは以前、大手企業の成長のためのものとして捉えられていたが、日本M&Aセンターは、M&Aを「中堅・中小企業の事業承継のテーマ」として定義した。それにより、従前は証券会社の業務であったM&A業務について、現在では中堅・中小企業のM&Aの世界で日本M&Aセンターというブランドを確立した。

セコムは日本初の警備業として創業し、セコムと言えば「ホームセキュリティ」のポジションを確立。現在では2030年に向けて「あんしんプラットフォーム」構想として、暮らしや社会に「安心・安全」を提供する会社にまで発展しており、セコムは警備業から「安心」を提供するプラットフォームへと転換を遂げた。

RIZAPグループは、健康のプラットフォームから自己投資産業のプラットフォームへと変革中である。旧社名である健康コーポレーションは、ダイエットクッキーで上場し、「エステナード」という美顔器の販売で健康や美容をキーワードに事業を伸ばしてきた。現在では、「自己投資産業ナンバーワン」となるべくRIZAPグループへと社名変更し、落ち込んでいくフィットネス産業の中で業績を伸ばし、いまや「RIZAP」は「結果にコミットする」というイメージを定着させている。

ただし、気をつけなければならないことがある。インフラ化の時代はとにかく規模を拡大することが成功モデルであったが、テーマは一貫していてもプラットフォームとして強くならない事業は危険だということだ。たとえば、現在の東芝は苦境に陥っている。好景気であっても不祥事によってグループが解体されることもある。事業が有機的につながっており、テーマや顧客定義が明確になされ、プラットフォームとしての価値を持つ展開が成功の鍵である。

変革の時代にますます重要になっていく経営の「志」

成熟期、加えて技術革新が想像以上のスピードで進んでいく時代においては、業界再編の波をしっかりと捉え、ビジネスを進化させていくことが重要である。

しかし、それは単に業界再編の波を見つめていればよいのではない。景気が良いときは多角化が流行するが、安易に手を組んで規模を拡大することはかえって危険である。M＆Aは「結婚」に例えられるが、いざ一緒になってみて「志」が合わないとなると大変不幸であり、社員の幸せにもつながらないだろう。

そこで、至極当然のことではあるが、「どのような志を貫くか」「ビジネスによってどのような世界を創りたいのか、成し遂げたいのか」をいま一度見つめ直し、心に刻むことが大変重要である。なぜその業界で、その業種で、そのサービスを提供しているのか。誰にでも、何かしら大切にしている志があるはずである。もし目先の不安があるとするならば、もしかするとその「志」が揺れているからかもしれない。

たくさんのM＆Aや業界再編の波を見てきて今伝えたいのは、変革の時代にこそ経営の志を大切にするということだ。成熟期に過去の延長から抜け出す第一歩は、そこからである。会社を、そしてビジネスを生まれ変わらせたいと願うなら、まずは揺るぎないビジョンを持つことである。

第2章

業界メガ再編時代の今を読み解く

他人事ではない「業界再編」

全ての業界において再編が避けられない時代に突入している。第1章で述べた、業界再編三つの波によって日本はどう変化していくのか、考察していく。

日本は今、人口の減少が始まり、成熟経済とはいえ、既に衰退期に近い。そして、市場は飽和状態だ。労働人口が減少し、高齢者が増加していくなかで、日本経済が成長するためには、労働者人口を増加させるか、労働者1人当たりの生産性を上昇させるかのいずれかしかない。労働者人口を増加させるとしたら、少子化対策、女性の活躍、移民問題など行政上の課題をクリアしていく必要がある。

しかし、日本の生産年齢人口（15歳～64歳）は今後、確実に激減していく。2000年の約8600万人から、2025年には7000万人、2060年には4400万人と、約半分になるのだ。住宅、車、衣服、外食など、消費にお金を使うのも、働くのもこの年代が中心である。その人口が半分になるのだから、大ざっぱな言い方をすれば、あらゆる企業の売上が半分になり、現在約400万ある企業等は200万で十分ということになってしまう。さらに所得格差も拡大していくだろう。多くの消費者の収入が減少すると、企業の商品単価や粗利益はますます減少する。そうしたなかでの、生き残りをかけた企業の戦いが「業界再

図表2-1　生産年齢（15〜64歳）人口の推移

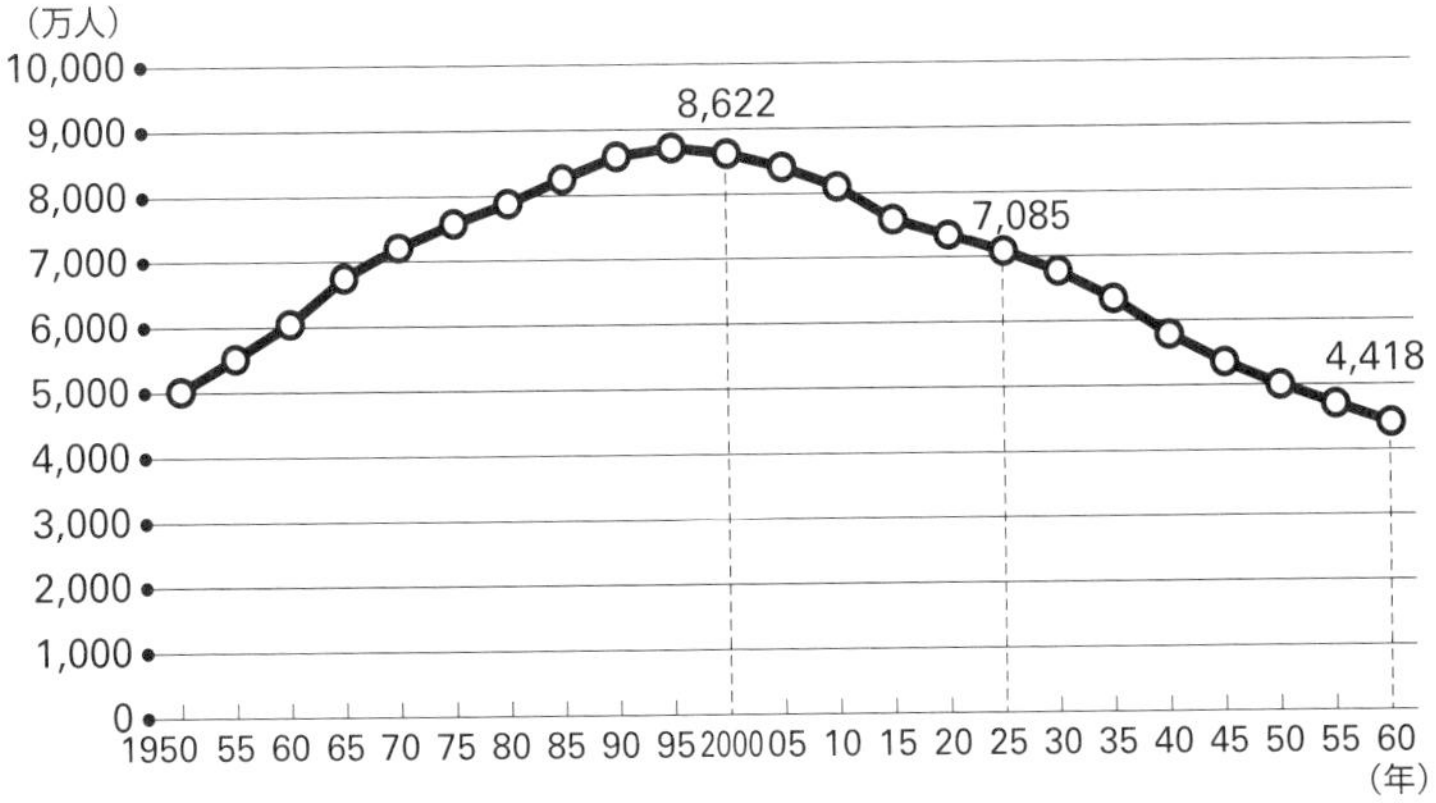

出所：2015年までは総務省「国勢調査」（年齢不詳人口を除く）、2020年以降は国立社会保障・人口問題研究所「日本の将来推計人口（平成24年1月推計）」（出生中位・死亡中位推計）

編」である。

業界の中でシェアを獲得し、規模を拡大しなければ、利益を確保して生き残ることが困難である。自前の営業努力でシェアを獲得し、規模を拡大するためには、多額の投資とリスクテイク、そして時間が必要になる。そして、いったん過剰な競争にさらされてしまうと、企業の戦略的買収や、戦略的合従連衡を避けては通れない。調剤薬局業界のように、診療報酬が2年に一度改正され、薬科大学が4年制から6年制に変更になるなど、ビジネスモデルが根本から見直されている業界でも、業界再編は活発化する。

日本の経済構造が根本的に激変していくなかで、あらゆる業界が「業界再編」の波にさらされるのだ。その意味で、業界再編は誰にとっても他人事ではない。

今、日本で起きているさまざまな業界再編

現在、業界再編業種のトップランナーといえば「調剤薬局」、クラウド化などの技術革新が急激に進んでいる「IT、ソフトウェア産業」「病院・介護」などが挙げられる。また、労働集約型産業である「外食産業」「設備工事業」「運送業」や海外移転・モジュール化・電気自動車への転換が急激に進んでいる「自動車部品」なども、業界再編の兆候がうかがえる。

銀行、商社、百貨店、スーパーマーケット、自動車、スーパーゼネコン、監査法人、家電量販店、コンビニエンスストアというように、各メーカーから各卸業界に至るまで、そして現在だけでなく過去に遡ってみても、さまざまな業界で再編が起こっている。

銀行なら、かつて都市銀行13行だったのが、三菱UFJフィナンシャル・グループ、三井住友フィナンシャルグループ、みずほフィナンシャルグループ、りそなホールディングスの4行に集約された。

コンビニエンスストア業界は、ファミリーマートとサークルKサンクスの統合により、上位3社への再編が完了した。

スーパー業界では、イオンがマルエツ、カスミ、マックスバリュ関東の3社を統合し、ユナイテッド・スーパーマーケット・ホールディングスを発足させた。

図表2-2　ドラッグストア業界トップ10の売上高

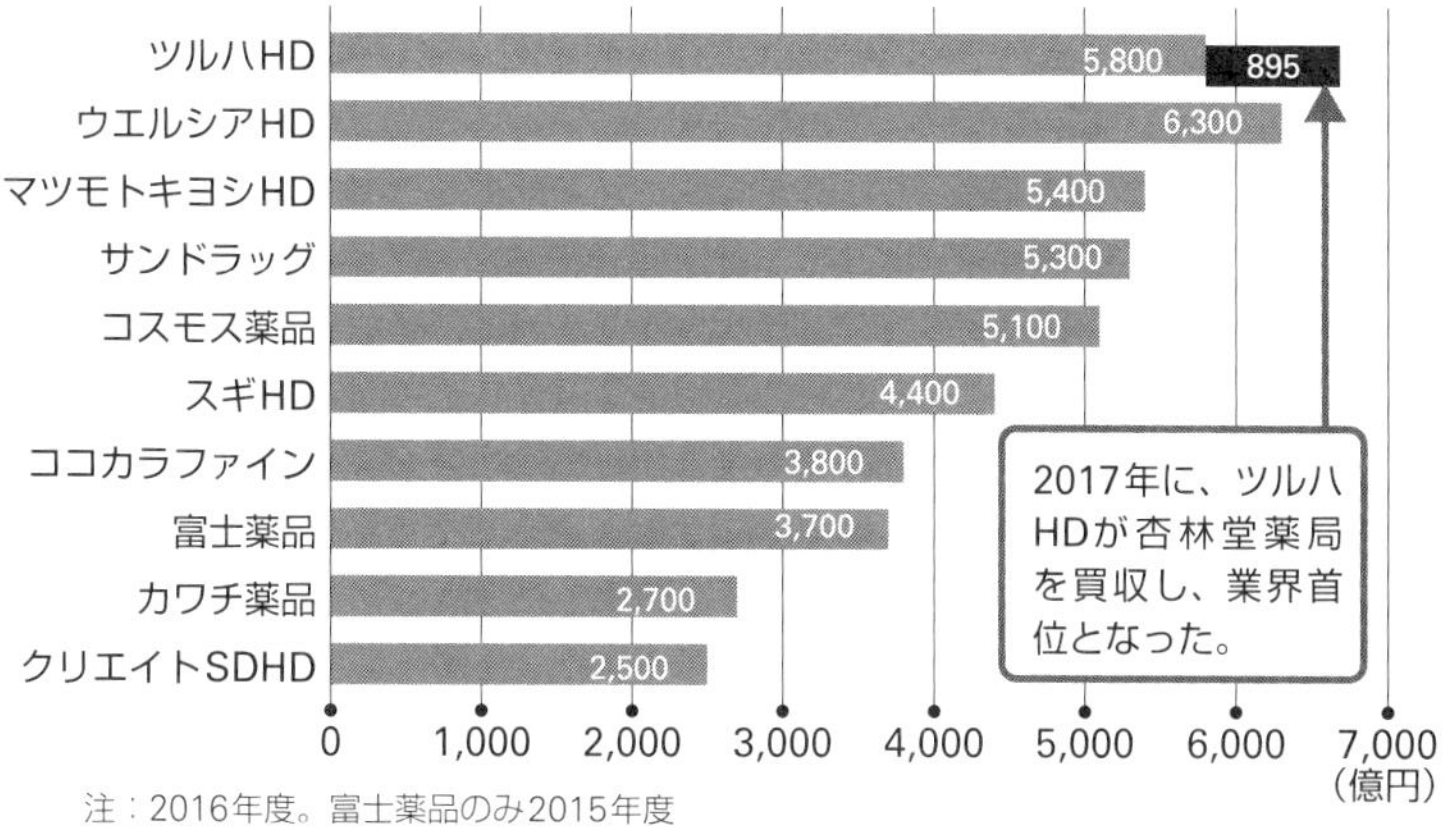

注：2016年度。富士薬品のみ2015年度
出所：各社IR資料より日本M&Aセンター作成

ドラッグストア業界では、２０１４年にイオンが、ドラッグストア大手のウエルシアホールディングスを子会社化し、ＣＦＳコーポレーション（ハックドラッグ）などの経営を統合した。ウエルシアＨＤは調剤薬局や介護サービスなどの隣接業種にも展開している。ツルハは独立系では最後の砦といわれていた静岡県の杏林堂薬局（売上：約９００億円、利益：20億円）を買収した。ウエルシアＨＤは青森の丸大サクラヰ薬局（売上：２００億円）を買収し、22年ぶりにマツモトキヨシを抜いたが、ツルハが一気に業界順位を1位とした。

あらゆる業界で再編が進み、その流れは一度動き始めたら、止まったり逆戻りしたりすることはない。だからこそ、業界再編の波を常に注視し、乗り遅れないことが重要である。

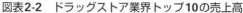

「業界再編」とは、新しいビジネスへの挑戦である

「業界再編」という言葉に、どのようなイメージを持たれるだろうか。大手企業が買収合戦を繰り広げ、規模が大きくなることだと捉えている方が多いと思う。しかしながら実際は、ある業種・業界で強い企業やリーダーシップのあるオーナー経営者が集まり、情熱を持って業界構造を変革し、新しいビジネスに挑戦していくことだ。

たとえば、駐車場ビジネスの業界再編では、複数の駐車場会社が集まることによって、カーシェアリングの会社に生まれ変わった。このように、業界の勢力図が一変することが業界再編であり、1人や1社ではできないことを、複数人、複数社が集まることで実現していくのだ。

つまり業界再編とは、「業界全体を考える優良企業が集まって業界構造を変え、新しいビジネスに挑戦し、ビジネスを進化させること」である。

「一国一城の主」である創業オーナー経営者は、自力での成長を考えることが多い。経営者として、自社の企業がどう成長すべきか、どう利益を出していくのか考えるのは当然だ。

しかし、再編を主導する経営者は独自の考えを持ち、個人や一企業の利益のためだけでなく、業界全体の行く末を見据え、より良くするという目的のために、M&Aを実行してい

る。日本全体、あるいは、世界を見据えて「自社の属する業界がどうあるべきか」を常時考えている経営者こそが、業界を変え、生き残っていくのである。

たとえば、2016年にソフトバンクグループは、イギリスの半導体開発メーカーであるARMホールディングスを240億ポンド（3・3兆円）で買収したが、これなどはまさに「ビジネスを進化させるためのM&A」であり、この流れは今後も続いていくだろう。

過去、ガソリンスタンド業界、タクシー業界、スーパーマーケット業界などで大きな再編が起きた。**再編が起きたほとんどの業界において、その業界順位を見ると、4番手以内の企業と、それ以下の企業の収益差が、年々開いている。**つまり、どの企業にとっても、シェアを取ることが喫緊の課題であり、だからこそM&Aをしたいと考えるのだ。それは買い手企業からみて、「業界に対する方向性や理念を共有したい」、「同じビジョンを持っている」と思われる企業に自社がならないと成功しないということである。

業界再編が避けられない三つの理由

業界再編が避けられないと、私が自信を持って明言できるのは、主に以下の三つの理由があるからだ。

理由1

「人口減少」を乗り越える必要性

日本の人口は、2010年の1億2806万人をピークに減少し始め、2030年には1億1662万人に、2060年には8674万人まで減少すると推計されている。

人口減少が始まると、労働者の確保も容易でなくなり、企業は収益機会を失うリスクに見舞われる。たとえば外食産業を見ると、国内にある飲食店の数は飽和状態であり、その中では継続的な成長は期待しにくい。企業は、「成長するパイ」ではなく「縮小するパイ」を奪い合う、厳しい経営環境のもとで業績を伸ばしていかなければいけなくなる。そうした未来を見越して、企業同士は「奪い合う環境」ではなく、「より緊密に連携する」ことで、協力しながら前に進んでいくのがベストと考えるようになる。だからこそ、縮小する業界においては、M&Aによる顧客の獲得が有効に働くのだ。

また、人口減少により労働者が減少していく過程で、人材採用は企業にとって、これまでと比較にならないほど重要になる。

一般に新卒採用をはじめとした採用活動において、優秀な人材を確保するには、ブランド力があり、福利厚生が整った大手企業が圧倒的に有利だ。対して、人材採用で不利な立場にあった中堅・中小企業は今後、業界再編という流れのなかで、大手企業との連携を進めるようになるだろう。人口減少という避けることのできない状況の下、成長が鈍化している市場で勝ち抜いていくためには、業界再編の流れに乗るのが中堅・中小企業に残された数少ない生きる道だと思う。

理由2 成熟期を迎えた業界が次へ向かう必要性

日本の多くの産業は、ライフサイクルでいえば、すでに成熟段階、もしくは衰退段階に入っている。そして産業が成熟段階に入ると、「次なる業界のビジョン」を掲げる必要性があるため、異業種間の枠を超えた再編が活発化していく。

国内では集約化を進めて基盤を整え、海外に進出する企業も増加する。海外に販売ルートや拠点がない企業も、海外で一定以上の成果を出している企業と組めば、一気に海外展開が可能となる。

また、産業が成熟段階にあり、国内が閉鎖的な経済環境であったとしても、これからの日本企業は、海外企業に伍して戦っていかなければならない。それは日本企業が海外市場に進出する場合も、日本市場に参入している外資系企業と競合する場合も同じだ。

日本国内のM&A案件は、金額ベースの対GDP比で見ると、アメリカなど海外諸国と比較して非常に少ない。M&Aの取引金額はGDP比でアメリカは10%程度に対して日本はわずか2~3%程度だ。M&Aにおいては非常に遅れている日本だが、近年は徐々に浸透してきておりＭ＆Ａの件数が３倍程度拡大するものと、私は予見している。日本という「島国」の中だけで過当競争を行っていても、国際競争力を失っていくだけだ。日本企業、とりわけ中堅・中小企業にとって、次のステージは国内の集約化と海外展開をおいて他にない。それだけに、業界再編の勝ち組を目指す必要がある。

理由3 インターネットの普及によるデータベースの構築の必要性

インターネットの出現は、あらゆる産業に影響を与えた。大手書店はアマゾンなどのＥＣサイトにシェアを奪われ、スーパーマーケット業界では、ネットスーパーが出現した。調剤薬局業界では、処方箋のＩＴ化など、日常生活のさまざまな場面においてＩＴ化が進んでいる。

成熟産業において、ＩＴ化を通じてシェアを伸ばし、顧客情報を獲得し、データベースを整備できれば、そこからまた新しいビジネスを生み出すことができる。データベースを構築するためにも、企業同士の連携・提携などが求められる。

以上の理由から今後、あらゆる業界において再編が進むはずだ。恐らく経営者であれば、差し迫った危機感として、十分実感していることと思う。

私はこれまでのM&Aコンサルタントとしての経験から、業界再編が進むうえでは、どの業界にも共通する法則が存在することを発見した。次の項目で段階を追って説明していく。

業界再編五つの法則

前述したように業界再編とは、「業界全体を考える優良企業が集まって業界構造を変え、新しいビジネスに挑戦し、ビジネスを進化させること」である。

私が提唱している「業界再編五つの法則」からみて、企業規模の大小それぞれのフェーズにおいて業界再編が進むと考えられるのである。

法則1 どの業界も大手4社に集約される

M&Aは決して大企業だけが行うものではない。むしろ業界再編は、中堅・中小企業を中心に進んでいく。

各企業は、業界再編そのものを狙ってM&Aに着手するのではない。業界再編は自社の永続的な利益確保や成長確保の手段として、競合企業との関係を見直していくなかで行われる。そういった意味で、ビジョンと先見性を持った経営者が業界再編を主導していることが多い。

事業承継者が見つからないという理由で、投資ファンドや競合企業に事業の後継を委ねたことが、ある業界における再編の重要な分水嶺になるケースもある。同業界の競合企業とは統合したくないというオーナー経営者から、投資ファンドが一時的に株式を保有し、業界再編の触媒としての役割を果たすケースだ。

他方、不祥事を契機に、大手企業の一角が、同業内企業に救済支援を行うという形で、予期しなかった再編へと発展していくケースもある。人材派遣業界、インターネット業界、食品業界などで過去、このようなケースが見られた。

業界のライフサイクル別に見てみると、いずれのフェーズでも再編は起こりうる。「成長業界」では、早期にクリティカルマス（ある水準に達すると、一気に商品やサービスが普及する分岐点のこと）の達成を狙った、スピードを追求した再編が起きやすい。「成熟業界」ではマーケットシェアを確保し、コスト優位を確保するための再編が、そして「衰退業界」では競合プレーヤー

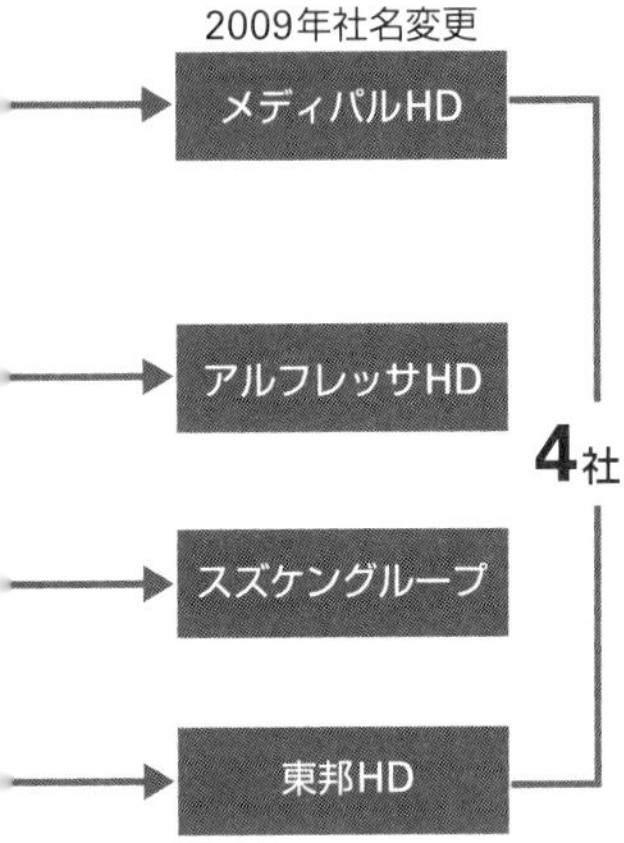

数を減らし、残存者価値を高めるための再編が行われる。また、業界内のプレーヤーの規模別に見ても、業界上位同士の合併・統合、上位による下位企業の統合、中位企業同士の統合による大手一角への参画など、実にさまざまである。さらに、規制緩和や行政指導といった国の力が働く場合にも、新規参入プレーヤーの登場と業界再編を引き起こす。

こうして業界再編が行われた結果、多くの場合は各業種において、企業グループは概ね大手4社に集約される傾向が見られる。

前述のとおり銀行は、業界再編の末、現在は大手4行に集約され

図表2-3　再編が完了した業界

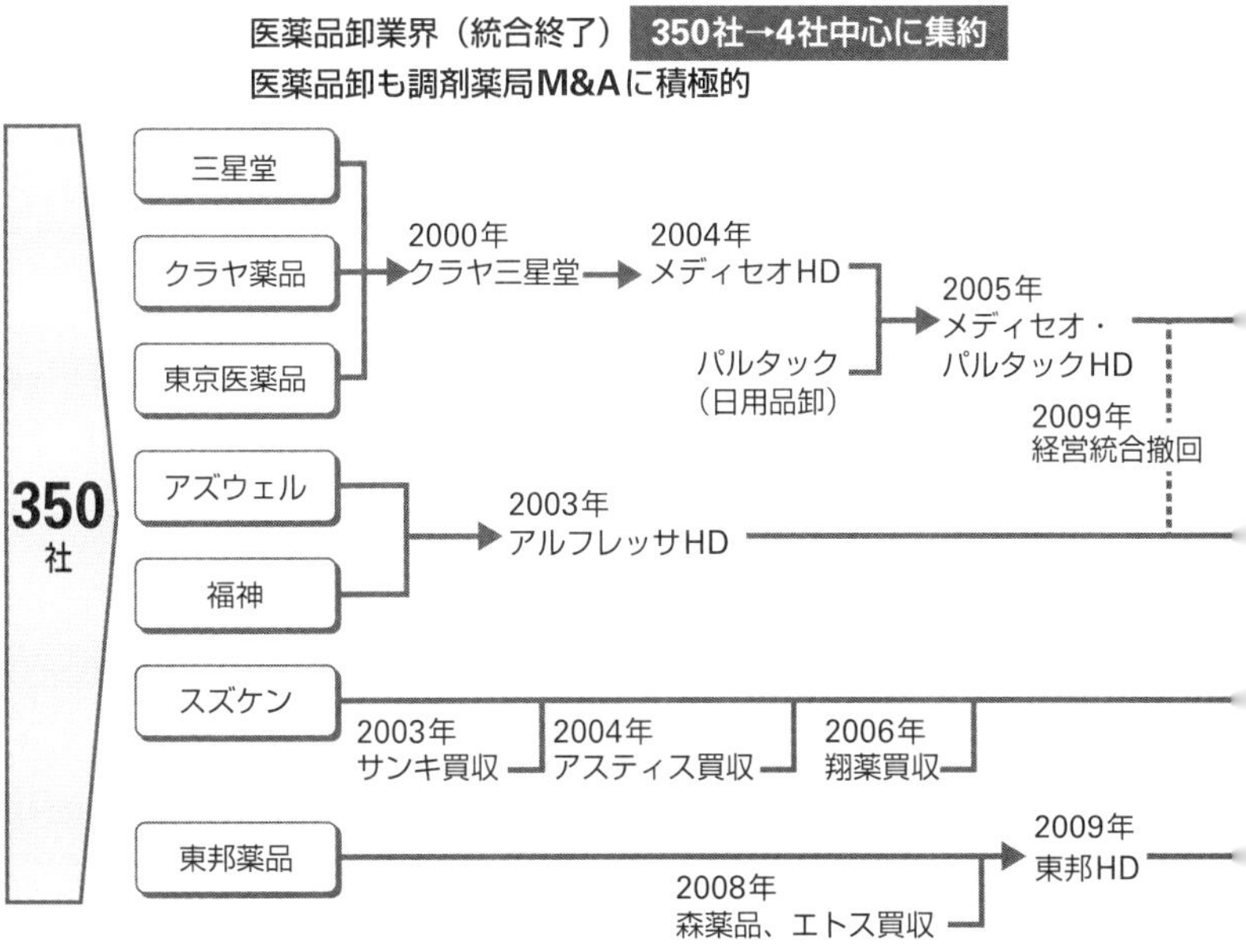

出所：日本M&Aセンター作成

である。

た。家電量販店はヤマダ電機、ビックカメラ、ヨドバシカメラ、エディオンがそれぞれ四強である。

金融機関と総合商社は、日本の産業の発展に大きく寄与してきた。

特にバブル崩壊あたりまでは金融機関が成長企業へ融資することによってリードし、その後の20年間は総合商社があらゆる産業の構造を作り上げてきた。

大手金融機関は国内におけるお金の流れを、一方、総合商社はモノの流れを決定づけている。そのため、各銀行の文化やカラー、総合商社の系列にしたがって、国内のあらゆる産業は概ね4社に向かって統合が進んできたのである。

コンビニエンスストアの事例の場合、セブン-イレブン・ジャパンは三井物産系、ローソンは三菱商事系であり、ファミリーマートとサンクスの2社は統合されたが、もともと両社は共に伊藤忠商事系であり、上位3社は明確に総合商社の色がついている状況だ。

また、日本国内の企業にとって、同一業界を4社程度で寡占している状況は、安定していて非常に居心地がよい状態ともいえる。逆に、4社を超える企業が競争環境にある成熟業界は、再編がうまく進まず苦戦していることが多い。

法則2 上位10社のシェア10% 50% 70%の法則

どの業界も、そのライフサイクルは「導入期」、「成長期」、「成熟期」、「衰退期」の四つに分けられる。

大企業同士のM&Aは、すでに衰退期に入ったころに実行されるのが普通であり、初めに再編の流れを作り出すのは、業界の成長期にある中堅・中小企業である。

事業規模の成長に伴い、市場のニーズや競合の状況は、大きく変化していく。経営者は、企業のライフサイクルに合わせた適切な意思決定が必要となる。

では、成長期から最終期にかけて、どのような流れでM&Aが行われるのかについて、簡単に説明しておこう。

〈成長期〉

その業界で売上上位10社のシェアが10%になると「成長期」に入り、業界再編が始まる。その嚆矢《こうし》となるのが中堅・中小企業だ。中堅・中小企業同士数社が合従連衡して持株会社を設立したり、大手企業が中堅・中小企業を買収してグループ化したりして、規模拡大・体力増強を図る。この時期は売り手市場で、株価は高値がつくケースが多い。前述したように、現在、再編が活発化しているIT・ソフトウェア業界、建設・住宅・不動産業界、設備工事・電気工事・ビルメンテナンス業界、調剤薬局業界、病院医療・介護業界、運送・物流業界などが、この成長期に当てはまる。

図表2-4　業界再編M&Aには、業界のライフサイクルに応じた違いがある

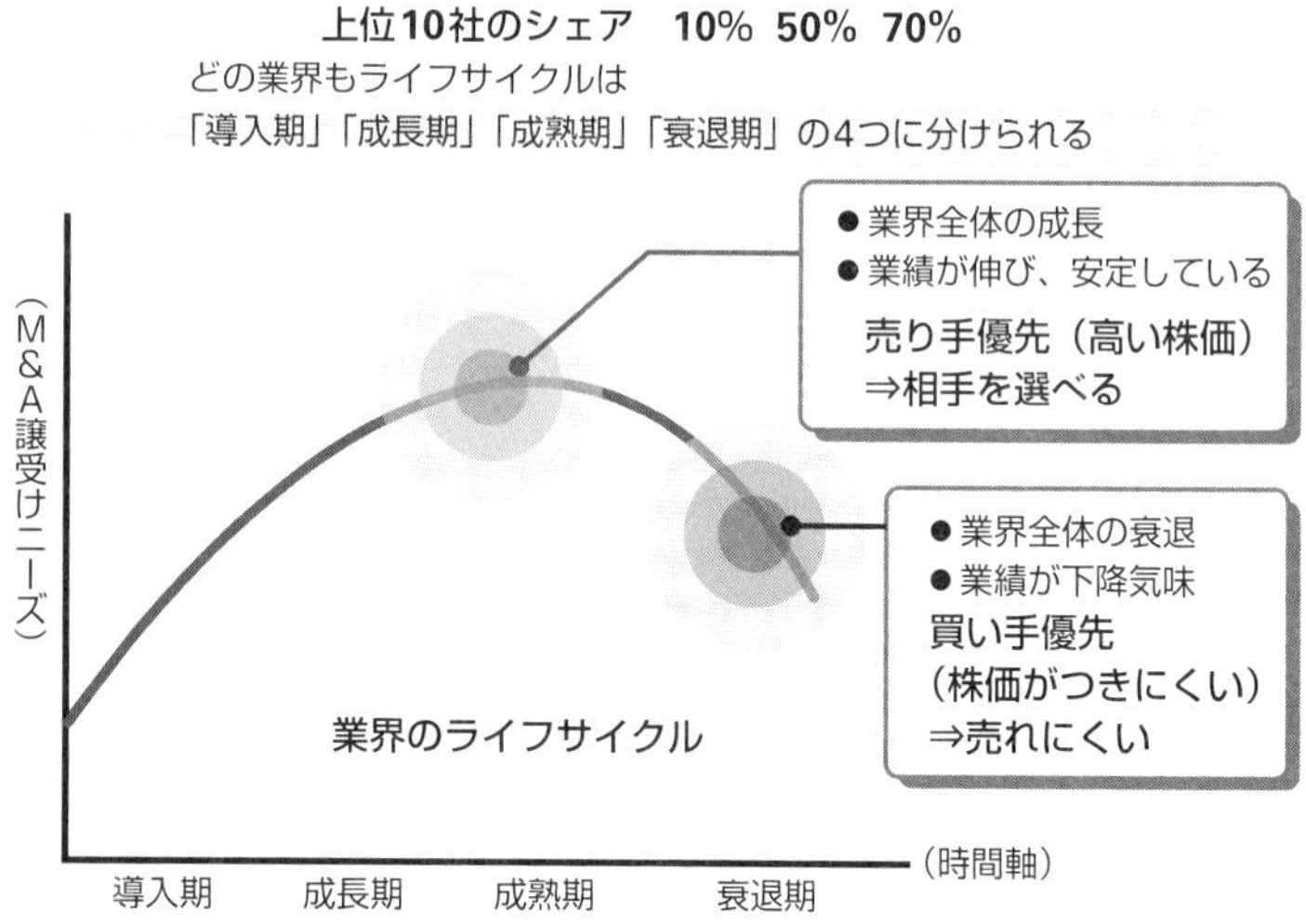

出所：日本M&Aセンター作成

〈成熟期〉

その業界で売上上位10社のシェアが50%になると「成熟期」に入る。大手企業が中堅企業や地域ナンバーワン企業を買収するなど、業界再編はピークを迎え、譲渡企業の規模が大きくなっていく。ピークを迎えるということは、この機会を逃すと売り時が過ぎ、これ以降になると、規模の小さい企業は買い手がつきにくくなる。たとえばドラッグストア業界やホームセンター業界は、上位企業のシェアが50%を超えていて、２０１２年～２０１３年に実行されたＭ＆Ａでは地域トップの企業が譲渡した。

〈衰退期〉

その業界で売上上位10社のシェアが約70%まで進むと、上位10社の統合が始ま

図表2-5　「日本企業は約4社に統合」の歴史

	1位	2位	3位	4位
医薬品卸	メディパルHD	アルフレッサHD	スズケングループ	東邦HD
百貨店	三越伊勢丹	J.フロント リテイリング	髙島屋	エイチ・ツー・オー リテイリング
家電量販店	ヤマダ電機	ビックカメラ	ヨドバシカメラ	エディオン
コンビニエンスストア	セブン-イレブン・ジャパン	ユニー・ファミリーマートホールディングス	ローソン	―
ビール ※国内シェア	アサヒ	キリン	サントリー	サッポロ
新聞　※発行部数	読売新聞	朝日新聞	毎日新聞	日本経済新聞
法律事務所 ※人数	西村あさひ	アンダーソン・毛利・友常	TMI総合	長島・大野・常松

どんな業界も「成熟」すると約4社になる

出所：各種資料より日本M&Aセンター作成

る。そして、**衰退期で約４社に集約され、合計で約90％のシェアに到達したところで、その業界の国内再編は終了する。**たとえば石油化学業界は上位４社で73％、百貨店業界は上位５社で74％、家電量販店業界では上位６社で80％というシェアになっており、中小規模のM＆Aはほとんどない。メディアで大きく取り上げられるような大手同士の提携・統合はこのあたりで起きる。国内での再編が終了すると、大手グループは海外展開を目指したり、異業種への展開を進めたりする。セメント業界、ガラス製造業界、医薬品卸業界などは上位企業のシェアが約90％で、まさに最終段階に入っており、異業種参入や海外展開を加速している。

図表2-6　国内企業 再編の歴史

業界再編は「上位10社のシェア　10%　50%　70%の法則」に則って進行

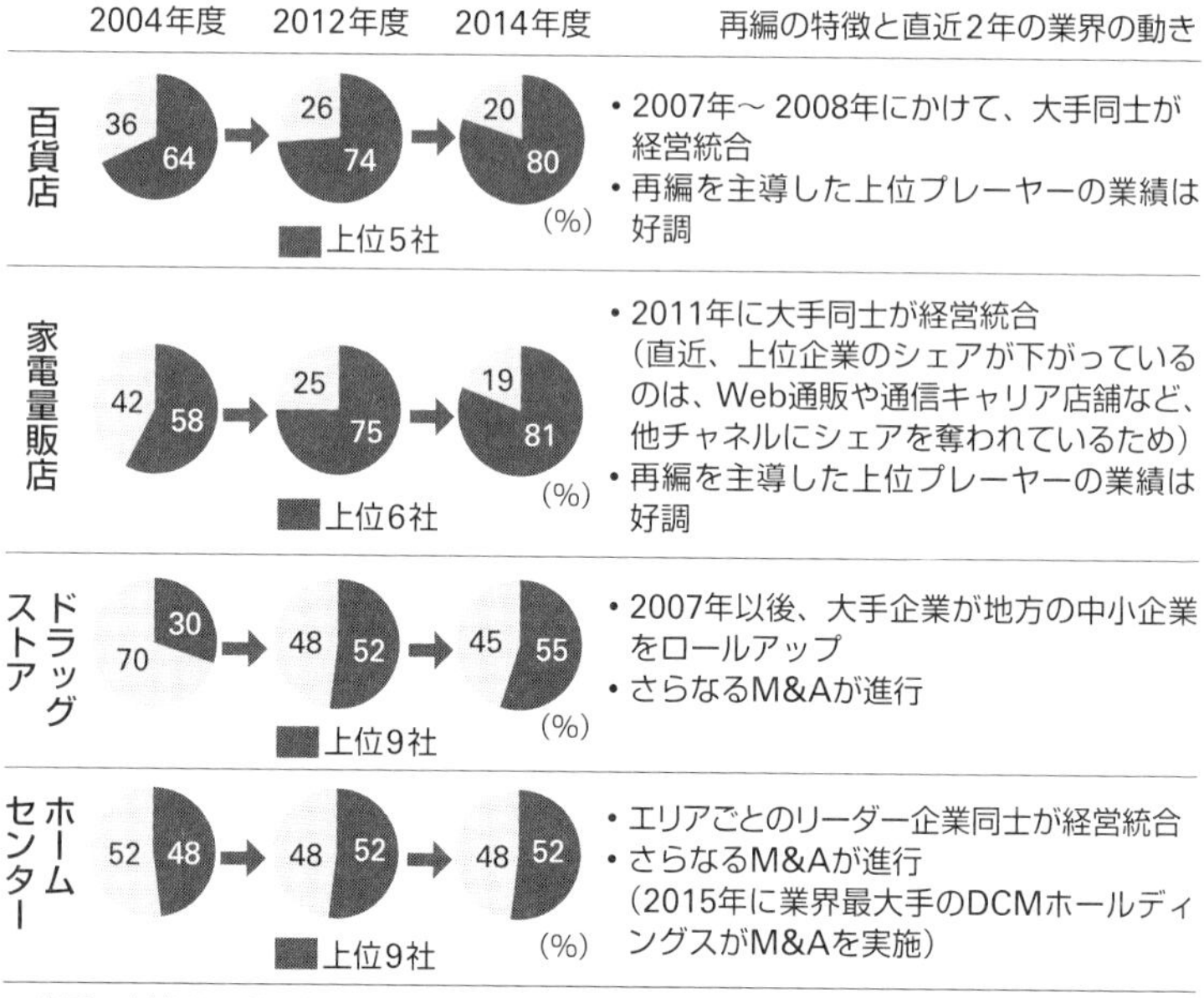

2004年度
2012年度
2014年度
再編の特徴と直近2年の業界の動き
百貨店
36
64
26
74
20
80
(%)
上位5社
・2007年〜 2008年にかけて、大手同士が経営統合
・再編を主導した上位プレーヤーの業績は好調
家電量販店
42
58
25
75
19
81
(%)
上位6社
・2011年に大手同士が経営統合（直近、上位企業のシェアが下がっているのは、Web通販や通信キャリア店舗など、他チャネルにシェアを奪われているため）
・再編を主導した上位プレーヤーの業績は好調
ドラッグストア
70
30
48
52
45
55
(%)
上位9社
・2007年以後、大手企業が地方の中小企業をロールアップ
・さらなるM&Aが進行
ホームセンター
52
48
48
52
48
52
(%)
上位9社
・エリアごとのリーダー企業同士が経営統合
・さらなるM&Aが進行（2015年に業界最大手のDCMホールディングスがM&Aを実施）

出所：各社Webサイト、各種協会公表データ、GfK業界レポートに基づきピー・アンド・イー・ディレクションズ分析

　このように、業務規模の変化に伴った業界再編の過程を見ていくと、もはや業界再編は、大手企業同士の買収合戦ではないことが、お分かりいただけるだろう。**特に成長期において、業界再編の流れを一番初めに作り出す源流となっているのは、優良な中堅・中小企業だ。**言い換えれば、日本の大手企業を創り、底から支えてきたのは中堅・中小企業である。すでに「成長期」や「成熟期」を迎えている業界にいる中堅・中

小企業の経営者は、強者連合の仲間入りをする最後のチャンスが近づいてきているのである。そして、上位10社のシェアが約50％に達したところで業界再編がピークを迎え、さらに約70％に達したところで上位10社の再編・統合が始まることを、私たちは「上位10社のシェア10％ 50％ 70％の法則」と呼んでいる。

法則3 6万拠点の法則

国内において6万拠点というのは、拠点ビジネスの臨界点だ。これは、国内におけるあらゆる業種業態に当てはまる法則である。日本の総人口に照らして考えると、およそ2200人に1拠点となる。そして、その後に業界再編が起きて、自然淘汰されていく。

具体的には、ガソリンスタンド、コンビニエンスストア、歯科医院、そして現在再編が活発化している運送会社、調剤薬局も当てはまる。

ガソリンスタンドは、1994年度末の約6万店をピークに再編が進み、2015年度末は3万2000店に半減している。上位企業がシェアを上げ、さらに強くなっているが、一方で再編に乗り遅れたガソリンスタンドの廃業も後を絶たない。

家電業界では、松下電器産業（現パナソニック）が1957年にナショナルショップ制度を発足させて、全国的な販売網を作り上げた。もともとは自社家電販売の地域ネットワーク

図表2-7　業界再編＝『6万拠点』がピークの法則

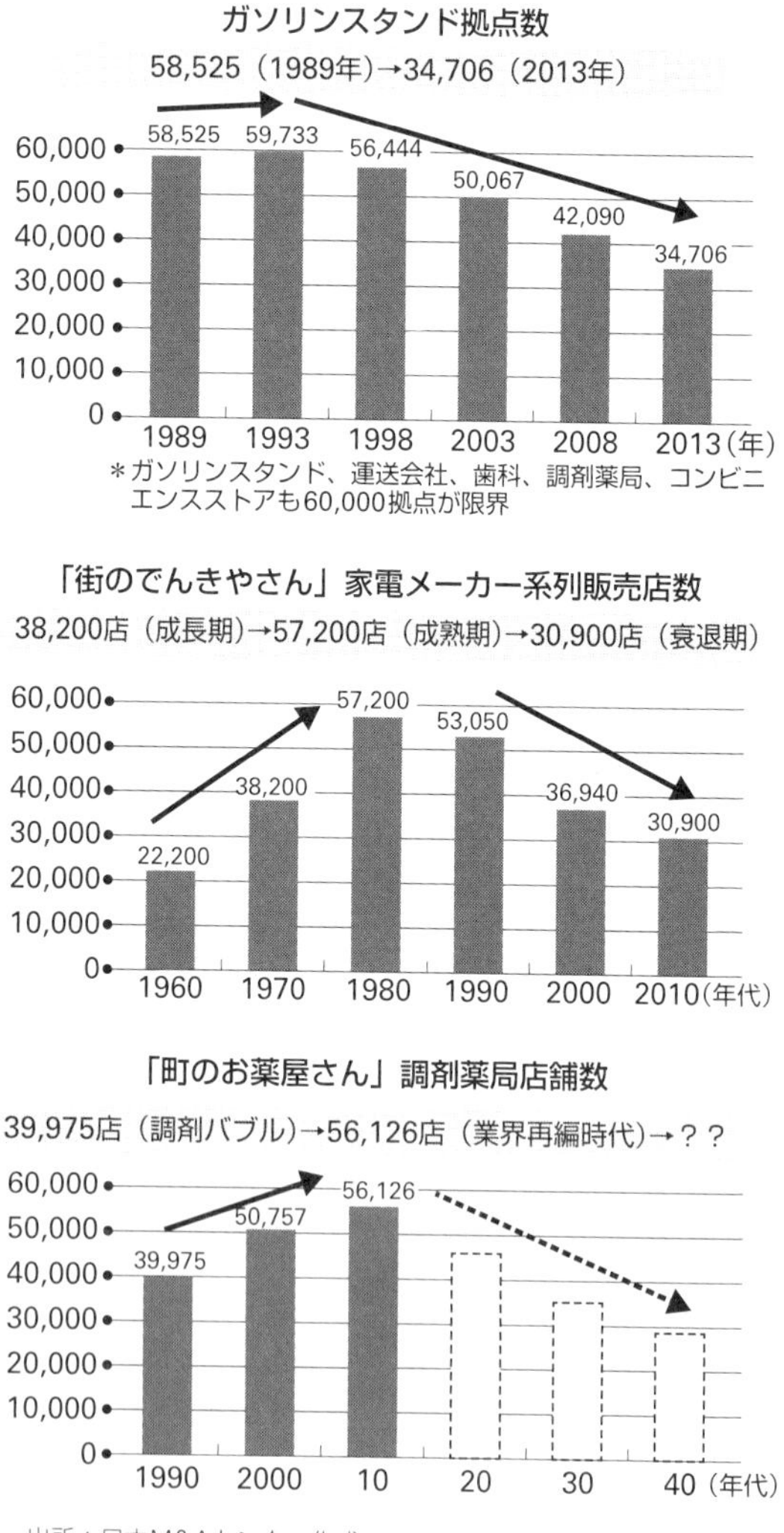

出所：日本M&Aセンター作成

として、松下製品のみを扱う「ナショナルショップ」と、他社製品も扱う「ナショナル店会」などを中心とした「街のでんきやさん」が、全国に6万店近くあったが、現在は約3万店にまで減少している。

家電業界の拠点数が、6万店近くから3万店近くにまで減少した過程において、街の家電屋さんは家電量販店へとビジネスを進化させた。それまで価格決定権はメーカーが優位だったが、家電量販店は業界再編を加速させ、大手家電量販店になることで、価格決定権を握ったのである。さらに家電量販店は再編後、「異業種」に進出した。ヤマダ電機は２０１１年に住宅メーカーのエス・バイ・エルを、２０１２年には住宅機器メーカーのハウステックを傘下に収め、太陽光発電やオール電化を備えたスマートハウスの販売促進に力を注いでいる。

６万拠点を超えているのに再編が進まないとどうなるか。

たとえば歯科医院は全国に６万９０００あるが、そのほとんどは、歯科医師が個人で独立開業している。その結果、規模の経済が働かず、コンビニエンスストアよりも

図表2-8　人材派遣業界の現状

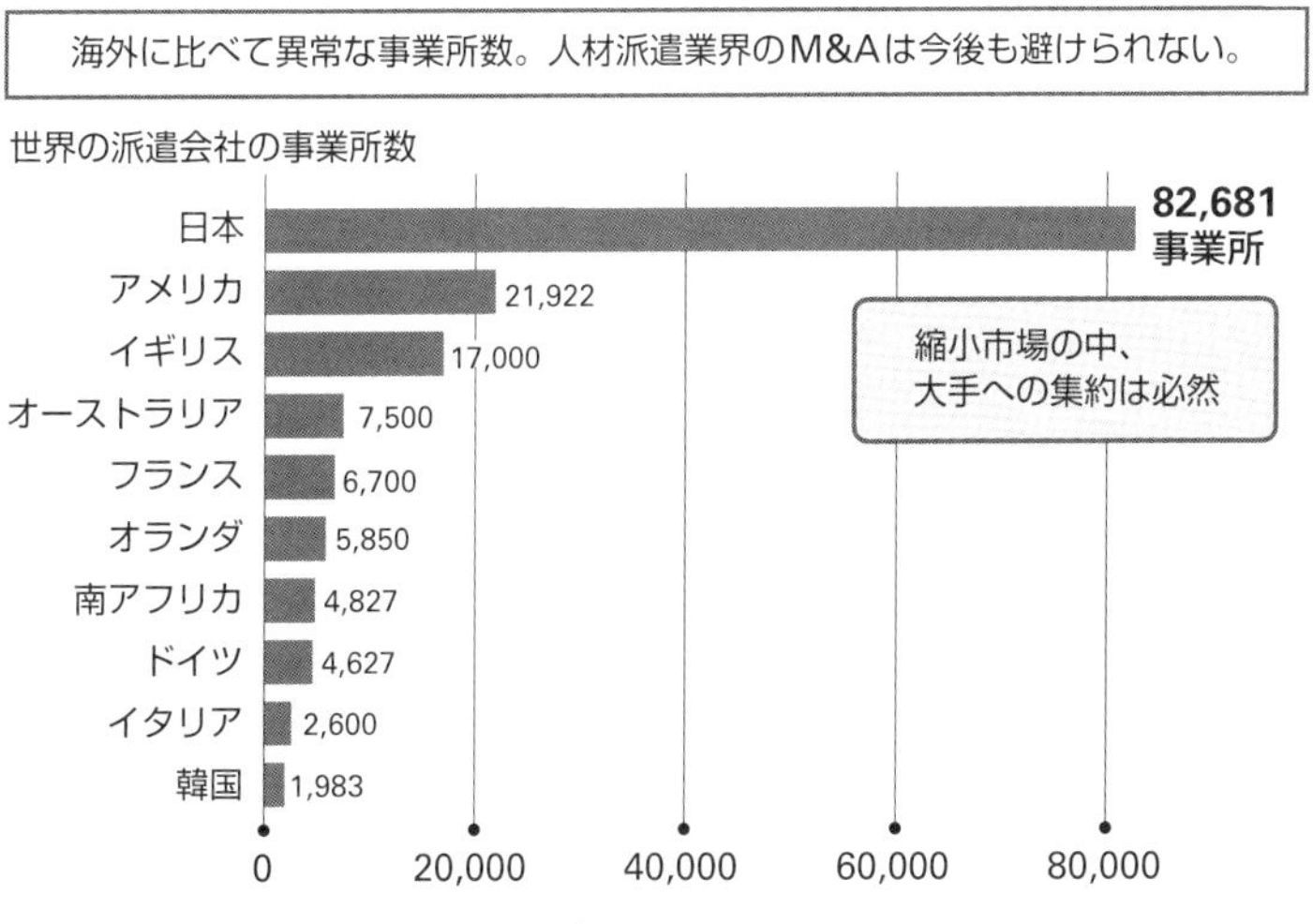

海外に比べて異常な事業所数。人材派遣業界のM&Aは今後も避けられない。

出所：Ciett「2013 Economic Report」

はるかに多い数の歯科医院が乱立して過当競争となり、経営は厳しくなった。歯科医師の平均年収は、いまや最盛期の3分の2程度と言われ、高収入というイメージは過去のものとなってしまった。

運送会社も、ドライバーが個人で独立して始めた会社が多いため、取引先に対する価格交渉力がなく、社員の年収も上がらず、人手不足に陥っている。業界再編は必至だ。

このように6万拠点というのは、今後の業界再編の行方を見るうえで、重要な指標となるのだ。

法則4 1位企業10%交代の法則

今までの国内ビジネスは拡大する市場の中で「シェア」を取り合うビジネスであった。実際に現在もシェア上位企業の寡占化は年々進行している。しかし、上位3～4社の企業はほぼ固定されるのに対し、トップ企業は、毎年およそ10%のビジネスで交代している。つまり、シェアが1位だからといって決して安泰ではないということだ。

日本経済新聞社の発表によると、2016年の国内の「主要商品・サービスシェア調査」で対象の100品目のうち10品目で首位が交代した。いくら業界ナンバーワンといっても、そのうち1割は交代する時代なのである。2016年の世界の「主要商品・サービスシェア調査」においても、対象57品目のうち8品目で首位が交代しており、おおよそ10％の交代率となっている。アメリカでも1位企業がシェアを明け渡す確率がおおよそ10％になっているようだ。

日本国内においては、複写機・複合機、市販カーナビ、家庭用ゲーム機、インクジェットプリンター、太陽電池など市場が縮小している業態も多い。たとえば、カーナビの世界市場は２０００年に普及が始まり、２０１７年をピークにすでに縮小している。カーナビは車載機器メーカーの主力製品の座を奪い、売上高の半分を占めるようになったが、スマートフォンでカーナビが代替できるようになり、失速した。

特にネットサービスのケースでは、ビジネスを進化させることは必須条件だ。まぐクリックはメルマガ、ドリコムはブログ、GREEやミクシィはSNSで上場したが、各社事業の主体をゲームなどに移している。DeNAは、携帯電話のオークションサイト（モバオク）

図表2-9　カーナビの世界市場は2017年をピークに縮小へ

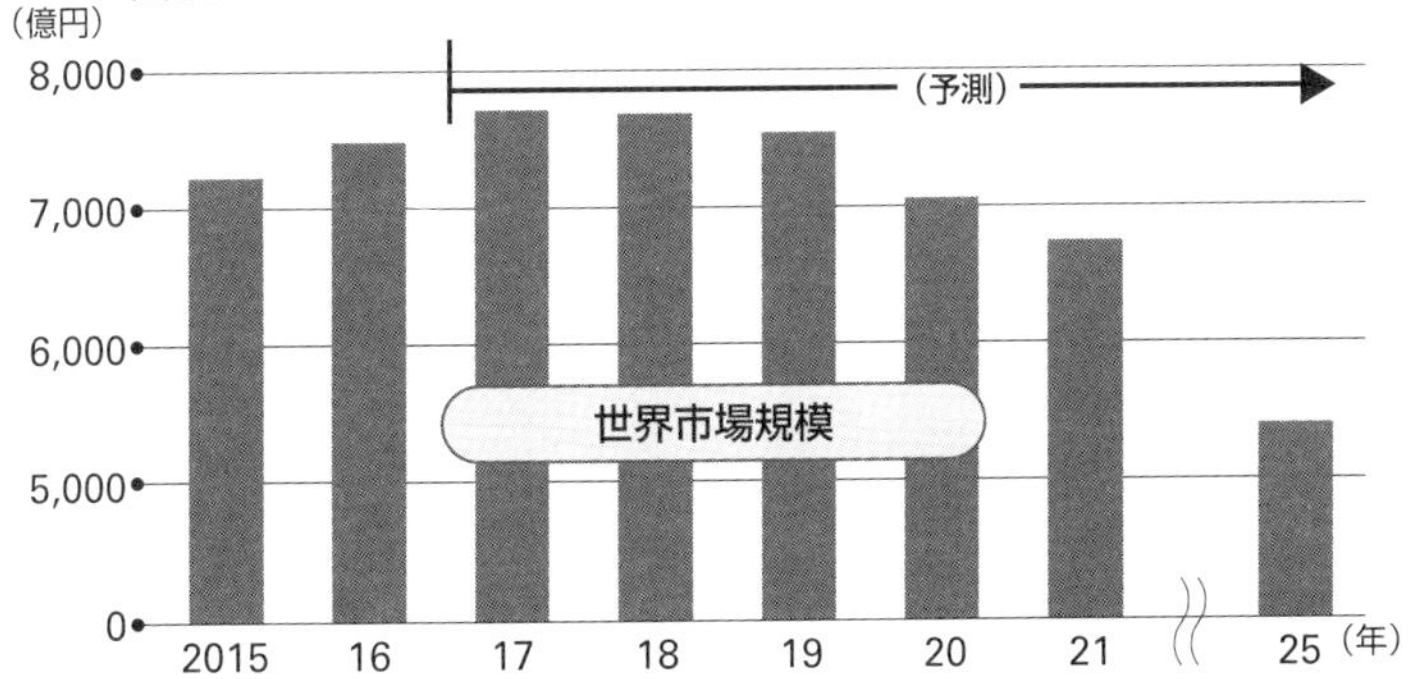

出所：『日本経済新聞』2017年9月7日付

として上場し、携帯電話ゲームサイト（モバゲー）へとビジネスを進化させて、現在ではプロ野球球団の運営までしている。

業界ナンバーワン企業であったとしても、手を打つことなく油断していてはすぐに椅子を明け渡すことになる時代だ。どれだけ経営が安定していても、優良企業であったとしても、ビジネスを進化させることを止めてはいけないのだ。

法則5 Winner-Take-Allの法則

業界ナンバーワン企業の1割は交代する時代であるものの、それと同時に、シェア上位数社での市場の寡占化は進む一方だ。２０１６年の国内の「主要商品・サービスシェア調査」で対象の１００品目のうち、上位３社で、シェアが過半数を超える商品・サービスは、実に69品目にも達した。

その一方で、「１人勝ち」のビジネスも増加している。

これは3社でシェア過半数を取るなどという生易しいものではない。圧倒的強者である1社が、シェアの過半数近くを牛耳ってしまう世界である。

特にネットサービスではその傾向は顕著だ。具体的な事例を挙げてみよう。まずポータルサイトでは、何といってもヤフーが巨人で、そのシェアは50・7%を占めている。ブルーレイディスク録再機ではパナソニックが47％、レンズ交換式カメラではキヤノンが45・8％、動画サイトではユーチューブが55・4％のシェアであった。ビジネスの勝者は電気やガスなどの社会的な「インフラ」からインターネットによる「プラットフォームビジネス」へと変化しつつある。

グーグルに代表されるプラットフォーマーは、「外部の手によって自動的にデータベースが蓄積されていくこと」によって寡占化を一気に進めていくのだ。プラットフォームビジネスが成功するときの勢いは圧倒的なので、先発企業だからといってうかうかしていると勝ち残る保証はない。配車アプリの2大業者に、アメリカ西海岸発のウーバーテクノロジーズ（Uber Technologies）とリフト（Lyft）があるが、Uberが広げたサービスをさらに広げるべく、Lyftは虎視眈々と首位を狙っている。

なお、「1人勝ち」のラインとしては、シェア50％が必要だ。シェア50％をとることができれば安泰といえよう。

図表2-10　トップ企業がシェアをさらに伸ばした主な品目（2016年）

レンズ交換式カメラ（▲21.2）	
キヤノン	45.8（8.0）
ポータルサイト（▲14.2）	
ヤフー	50.7（6.2）
ブルーレイディスク™録再機（▲2.2）	
パナソニック	47.0（6.1）
動画サイト（▲12.8）	
ユーチューブ（米グーグル）	55.4（5.1）

注：品目のカッコ内は市場規模の2015年比増減率%、▲はマイナス。数字はシェア%、カッコ内は2015年比増減ポイント
出所：『日本経済新聞』2017年7月23日付

どのような業界で再編が起こりうるのか

前述のように、人口減少という、全ての業種・業界において共通の構造変化に加え、行政の動き・指導、グローバルでの競争環境の変化、消費行動の変化など、さまざまなレイヤーにおける変化が、業界再編を後押ししている。

したがって、「今後どのような業界で再編が起こりうるのか」という問いに対しては、「どの業界でも起こりうる」、というのが回答になる。

強いて挙げるとすると、グローバルな競争環境にさらされやすい業界や、固定費が大きい業界、地域や都道府県ごとにプレーヤーが存在している業界は、特にその可能性が高そうだ。

たとえば、石油化学業界は2014年11月

図表2-11　石油元売り業界のシェア

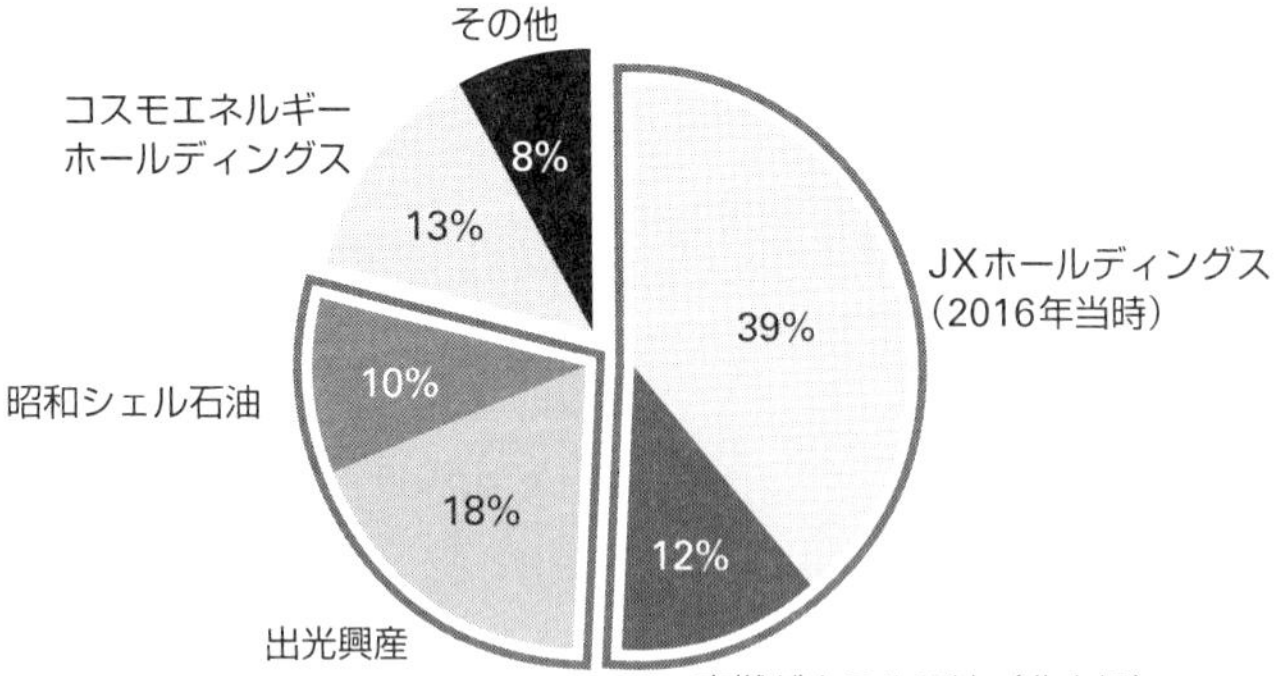

注1：2016年のシェア
注2：2017年4月にJXホールディングスと東燃ゼネラル石油は合併し、JXTGホールディングスに
注3：出光興産と昭和シェル石油は統合協議中
出所：SPEEDAよりデータ取得し、日本M&Aセンター作成

に、板ガラス業界は2015年6月に、事業統合やM&A（合併・買収）を促す「産業競争力強化法第50条」が適用され、再編の機運が高まっている。

また石油元売り業界は、2015年に入って、業界2位（出光興産）と5位（昭和シェル石油）、1位（JXホールディングス）と3位（東燃ゼネラル石油）がそれぞれ経営統合を表明した。人口減少を背景とする需要縮小により、業界全体として設備過剰になっていることや、シェールガスなどの代替燃料の台頭、原油安といったグローバルでの構造変化も、再編を加速させた要因となっている。

さらに、石油元売り業界にとどまらず、自由化された電力業界やガス業界を巻き込んだエネルギー業界全体での再編へとつながっていく可能性も秘めている。なおこれらの業界には行政（経済産業省）の意向が働いており、プレーヤー数を減らして過剰設備を解消し、残ったプレーヤーの国際競争力を高めるような要請がされていた。

自動車業界も例外ではない。電気自動車や自動運転などの新たな技術の台頭に伴い、競争・ゲームのルールが大きく変わりつつあるなかで、まだ10社以上が存在している完成車メーカーを中心に、部品メーカーやディーラーなどを巻き込んだ再編が起こると予想される。特に部品メーカーは、これまで、すり合わせを中心としたメカニック領域での開発が重視されていたが、これからはエレクトロニクス領域や、IT領域での開発が必須となることが想定される。こうした変化を見越して、実際に、自動車部品のミツミ電機とミネベアが経営統合を発表し、トヨタ自動車もグループの部品事業の集約を発表している。

このように石油関連業界や板ガラス業界、自動車業界とその関連部品業界は、いずれもグローバルな競争にさらされるなかで、業界再編を推し進めているが、一方、地域や都道府県ごとにプレーヤーが存在している業界としては、地方銀行やスーパーマーケット業界があり、その再編が注目される。

地方銀行業界は、人口減少という社会構造的な背景に加え、地方銀行の経営統合を促す金融庁の動きをきっかけとして、一気に再編の幕が切って落とされた。横浜銀行と東日本銀行、肥後銀行と鹿児島銀行などが、相次いで統合を発表している。

地方銀行は、地域に根付いており、展開エリアの拡大が事業拡大に直結する事業特性を持つため、しのぎを削っている近隣の地銀同士が、戦国時代の国盗り合戦のごとく、同盟相手を求めて、陰に陽に動き始めている。現状、地銀・第二地銀の行数は100行を超えており、信用金庫や信用組合は400以上にも上っているだけに、今後再編が加速するのは間違いなさそうである。

最後にスーパーマーケット業界を見てみると、ここ数年で大きく潮目が変わってきている。人口減少の影響はあるものの、人口・社会構造変化を背景とした消費者の生活スタイルの変化が、直近の再編に大きく影響を与えている。具体的には高齢化に伴うモビリティ（移動のしやすさ）の低下や販売チャネルの多様化などにより、地方ロードサイドから都心部への揺り戻しも見られており、かつてのような規模拡大志向だけではない、戦略の再構築・軌道修正が求められている。

再編のペースに乗り遅れないためには

再編はどのようなペースで起こるのだろうか。

前述した地方銀行業界では、わずか2年強で六つの統合が起きた。また百貨店業界を振り返ってみても、2007年9月に大丸と松坂屋ホールディングスが統合してJ・フロントリテイリングが発足したのを皮切りに、2009年8月までの2年間に、阪急百貨店と阪神百貨店、三越と伊勢丹、そごうと西武とミレニアムリテイリングがそれぞれ統合している。

一方、こうした流れに乗りきれずに再編に取り残される企業も存在する。石油元売り業界におけるコスモエネルギーホールディングスや、コンビニエンスストア業界におけるミニストップがそれに当たる。コスモ石油は、ガソリンの2016年度国内販売シェアで13%にとどまっており、JXTGホールディングスの51%、出光興産・昭和シェル石油連合の28%に、大きく水をあけられている。ミニストップも国内店舗数は約2000店舗であり、セブン-イレブンの約2万店舗、ファミリーマート・ココストア・サークルKサンクスの約1万

図表2-12　コンビニエンスストア店舗数

（軒数）

セブン-イレブン	19,860
ファミリーマート	17,810
ローソン	13,492
ミニストップ	2,250
デイリーヤマザキ（2016年12月）	1,571
セイコーマート	1,187
ポプラ	467
スリーエフ（2017年2月）	438
セーブオン（2017年9月19日）	284

注1：ファミリーマートは、ココストア・サークルKサンクスを含む
注2：デイリーヤマザキ、スリーエフ、セーブオン以外は2017年9月時点
出所：各企業公開の情報より日本M&Aセンター作成

8000店舗、ローソン・スリーエフ・ポプラの約1万4000店舗に比べて5倍以上の差がある。

ファミリーマートはセブン-イレブンの独走を止めるために、「対抗するにはまず規模で並ぶことが大事。質と量を同時に高めることは難しい。まずは量を追求する」として、競合対策上の危機感からam/pmやココストア、サークルKサンクスの買収に踏み切った。

また新日本製鐵が住友金属工業を吸収合併する際には、大手同士の統合であったため公正取引委員会への事前相談が定石だったが、「買収が不可欠との論調を繰り返して世論を味方に付けるため」に「何も決まっていない」という前置きのもと、公正取引委員会の審査を前に対外発表を行っている。

加えてその記者会見とほぼ同じ時間に、新日本製鐵の三村明夫会長と住友金属工業の下妻博会長が、民主党政権時の枝野幸男官房長官（いずれも当時）に合併の必要性を説き、協力を要請するなどして、公正取引委員会との折衝を前に「外堀」を埋める動きをしていた。

トヨタ自動車の系列部品メーカーの再編においても、「重要部品を外部のメガサプライヤーに握られるわけにはいかない。実のところ、今回発表した事業の移管・集約の具体的な方法は、これから詰める。ある意味〝生煮え〟でも再編の方針を打ち出したのは、持続的成長への布石を打つという強い意志から」と話していた。

一方で統合が破談になった例もある。キリンホールディングスとサントリーホールディングスや、髙島屋とエイチ・ツー・オー リテイリングの例では、企業統治モデルや企業風土の違いをお互いが理解しきれず、お互いが変化を受容し、それを乗り越えるだけの覚悟がなかったことが、破談の大きな要因であったと考えられる。

再編・統合においては、全てのリスクや不確実要因を事前に解決してから動き出すのではなく、「危機感をもって」「勢い・思い切りよく」「変化することを受容して」、まずは統合に取り組むことが大事であると、歴史が教えてくれているのだと思う。要は、「石橋を叩く」ばかりでは、乗り遅れるということだ。

業界再編M&Aを加速させる九つの要因

特に業界再編を加速させる要因として、私は次の9点を挙げている。

❶成長期から成熟期への移行

成長期は右肩上がりで市場が拡大し、企業数も増加していくが、成熟期に入ると、更なる成長のための統合がスタートする。

前述したように、小売りなどの場合は、日本国内の拠点数が、最も競争が激化するラインである6万拠点を超えると、業界再編が一気に加速していくという「6万拠点の法則」があり、調剤薬局、ガソリンスタンド、コンビニエンスストアなどがこの法則に当てはまる。

❷好景気

アベノミクスや東京オリンピック開催決定などの影響で好景気の時は、買収して拡大したいという企業が増えるので、再編機運が高まる。

❸不祥事

不祥事を起こした企業の業績が悪化し、他社に買収される。

❹規制改革

医療業界の診療報酬改定など、国の規制改革によって業界環境が大きく変化し、再編がスタートする。法規制、税制、政府関連団体などの意向が要因となる。

❺規模の経済が働く業界

卸や小売り、調剤薬局など、規模が拡大することにより、仕入れ値を安く抑えられる業界は、再編・統合が起きやすい。

❻大手・中堅の統合

業界をけん引する大手・中堅企業の統合が起こると、それを機に周囲の企業のM&Aが加速する。

❼異業種参入

隣接業種からの新規参入によって競争が激化し、再編が始まる。

❽技術革新

IT化の進展によって仕事内容が変化したり、新規の特許・特許切れなどが業界構造に変化をもたらしたりして、M&Aにつながっていく。

❾業界リーダーの決定

中堅・中小企業のオーナー経営者は、ビジョンに賛同し大手企業のグループ入りを決断する。どの企業グループに入るかは、自社の命運を左右する重要な決断なので、大企業ならどこでもよいわけではなく、経営理念が似ているか、自社の発展につながりそうかなど、さまざまなことを勘案し、決断する。

業界再編はこれら九つの出来事が複合的に組み合わさり、それが引き金となって加速する。

どの業界にも再編は必ず起こる。再編の兆しを確認したら、絶好のタイミングで再編の波に乗り、M&Aによって「圧倒的高値の売却」と「会社の飛躍的成長」を実現する。それは、社員にとっても成長産業で働くチャンスを得るということになる。これからのオーナー経営者に求められるのは、判断力と決断力なのだ。

中堅・中小企業のオーナー経営者が取るべき選択肢

すでに再編が始まった業界の中堅・中小企業のオーナー経営者が取るべき選択肢として、次の三つがある。

①企業買収を積極的に展開して業界再編をリードしていく
②業界トップクラスの企業に売却してグループの一員として発展していく
③地域の数社で集まり、ホールディングカンパニーなどで合従連衡していく

自分の会社が属している業界で再編が進みそうになった時は、それに乗じて自分の会社をより一段と成長させるべく、オーナー経営者は会社や社員、自分自身にとって最善の選択は

何かを、迅速に決断しなければならない。

最近では、40代というリタイアするにはまだ若いうちから、M&Aを経営戦略として積極的に活用している経営者が増えてきている。M&Aに対する、以前のようなネガティブなイメージは今や過去のものになりつつある。

40代が経営する優良企業のトレンドは、創業時からすでに売却を念頭に入れた経営を行い、業績が最も好調な時期に会社を売却する準備を進め、業界動向を見ながら絶好のタイミングを逃さず、高値で会社を売却して成功を収める、というものだ。この「タイミングをつかむ」という意味で、業界再編の状況を把握しておくことや、経営者としての感性を磨くことが、非常に重要だ。

セミナーなどで、業界再編の波に乗った積極的、かつポジティブなM&Aが急増しているという現実について説明しても、「うちの会社は業界再編には関係ない」と思っている経営者が多くいるのもまた事実だ。

しかし、業界再編型のM&Aは、中堅・中小企業の経営者にとって避けては通れない。なぜなら、次のような二つの理由があるからだ。

第一の理由は、歴史から見ても、あらゆる業界で再編が起こり、大手企業だけではなく、中堅・中小企業も否応なく、その波に巻き込まれていくからだ。

この流れは一度動き始めたら止まったり、逆戻りしたりすることはない。現在、アベノミクス効果や、2020年の東京オリンピックを控えて景気は上向きといわれるが、果たして、どれくらいの中堅・中小企業が、この好景気を享受しているだろうか。また、日本はすでに成長期を終え、成熟期に突入していることは周知の事実だ。

成長期には、多くの起業家が会社を興し、高度成長期の日本経済を支えてきた。特に団塊世代は人口が多く、会社を経営している人の数も多い。現在、団塊世代は70歳を迎えはじめており、世代交代の最終段階にきている。今、この世代の経営者が大量に引退することで、業界勢力図が激変しようとしている。業績が右肩上がりの成長期には、「変えないこと」が求められたが、今の少子超高齢社会では、人口が減少し続け、そのままでは生き残れない。現在、1億2000万人を辛うじて維持している日本の総人口は、2060年に8674万人まで減少するという推計が、内閣府からも発表されている。

このような状況である以上、日本は業界構造を変えるか、新ビジネスを開拓する必要性に迫られている。これまでと同じやり方では、大企業ですら「じり貧」になるのは目に見えており、機を見るに敏な、若くて優秀な中堅・中小企業のオーナー経営者たちは今、新しい方向性へと舵を切り、成功しようとしている。

このような賢いオーナー経営者たちの事業承継先のファーストチョイスは、もはや身内ではない。第三者への譲渡、つまりM&Aが主流となっている。当然「土壇場でのM&A」ではなく、発展的で極めて戦略的なM&Aである。

かつて、中堅・中小企業の経営者は、自分の子供をはじめとする身内に事業を譲渡したものだが、少子超高齢社会になった日本で、親の事業を自ら進んで引き継ぐ子供は、なかなかいないのが現実である。譲渡先を身内に限定して考えるのは、もはや古い考えになってきたといえる。

経営者の本分は、会社を持続的に成長させていくことにある。身内に事業承継することで、それが「継がせる不幸」になり、会社が落ちぶれていく姿を見ることになるくらいなら、優秀な第三者、つまり業界の強者・勝者に譲渡するのが最善の選択だということを、多くの経営者は深く理解している。

M&Aが避けられない第二の理由は、業界再編時代のM&Aには、オーナー経営者にとって多くのメリットがあることだ。再編が進む業界は「売り手市場」なので、事業を譲渡しようと考えている経営者にとって、好都合な条件が揃う。

タイミングを逃さず、業界再編の波に乗って会社を売却することができるので、売り手企業の経営者は次のさまざまな問題を解決することもできる。

① 自社の株式を高値で売却できる

② 条件の良い優良企業と組める

③自分が主導権を持って交渉を進めることができる
④事業承継問題を解決
⑤創業者利益の確保
⑥金融機関への個人保証や担保からの解放
⑦事業継続による社名の残存
⑧社員の雇用の維持

このように、多くの難問をクリアできるメリットがあるのと共に、売り手企業の社長は、創業者利益を手にすることもできるので、引退して第二の人生を謳歌したり、新ビジネスを立ち上げたり、あるいは、譲渡先となる大手グループの一員としてその傘下に入って、子会社の社長として経営を続けたり、経営幹部として親会社に迎え入れられ、業界の改革をリードしたりするなど、実にさまざまな選択肢がある。自分自身のライフプランなども照らし合わせて、より良い生き方を選べるのが、M&Aの最大のメリットだ。

業界再編時代のM&Aの特徴と、成功のポイント五つ

前述したように、会社のベストの売り時は、各業界が業界再編の波に乗った「成長期」から「成熟期」になる。

逆に言えば、この時期を逃すと、会社を高値で売却することも、理想の買い手企業に出会うことも、自社に有利な条件を引き出すこともかなり難しくなる。

では、会社を売却するのに最適なタイミングを逃さないようにするためには、どうしたらいいのか。

業界再編の波に乗り、タイミングを逃さず、強者連合に仲間入りした勝ち組経営者の多くは、より有利な条件で事業を売却するため、次の五つの点を心がけている。

❶ M&Aについて学ぶ

変化の激しい時代だからこそ、守りに向かわず、攻め続けるという姿勢と情熱は経営者にとって大切な資質といえる。過去の成功にとらわれず、現在の業界動向をしっかり把握し、会社を成長させる手法について学び続ける姿勢を持つこと。

❷ 会社の現状を把握する

自社の株価を算定し、正確な企業価値を知ることはとても大切だ。客観的に自社の状況を把握し、その上でさまざまな戦略を実行すべきである。

事業を譲渡する側は他の条件が同じなら、少しでも高く会社を売りたいと考えている。しかし、期待していた通りの株価では売却できない場合、「これからがんばって会社の業績を良くして、株価を上げてからM&Aを検討する」という経営者がいる。果たして、本当に業績を良くすることができるのだろうか。

答えはノーだ。経営者は日々、少しでも会社を良くしようと努力しているはずだ。その努力にもかかわらず、業績が下がっている場合、1、2年程度で業績を大幅に回復できる例は残念ながらほとんどない。何よりも、20年、30年と経営してきた会社の価値は、わずか1年で大きく変動するものではない。

株価のフェアバリューを正しく算出できる専門家はまだ少ないが、まずは専門家の株価診断を受けて会社の現状を把握し、的確な判断をすることが鍵となる。

❸業界の現状を知りタイミングを逃さない

自社の業界が再編真っ只中で、売り手市場のピークにある場合、買い希望が殺到することがある。なかには、企業評価で算定していた株価よりも、はるかに高い数字を買い手企業が提示することもある。

この時、大事なのが、業界の現状をよく知り、会社の「本当の価値」を知ることだ。事業を譲渡するタイミングを逃せば、数年後は業界再編の波にのみ込まれ、苦しい経営を余儀なくされる恐れがある。

❹株式の所有にこだわらない早めの決断

若いうちから準備を始めて、M&Aを戦略的な経営手段として活用している経営者が増えている。彼らの特徴は、株式の所有にこだわらないこと。会社を「私物化」しない柔軟性を持ち、より「パブリック」な視点で、自社の未来を見据えている。つまり「資本を持つ」ということと、「経営をする」ということを分けて考えているのだ。

再編の波の中で規模の二極化が進むと、大手企業は「経営のプロ」、地方の中小企業は「地域密着のプロ」として、それぞれの役割を担っていくことになる。その中で自社の未来をどう判断するかに、経営者としての先見性が問われる。

だからこそ、「自分の年齢」という明確な数字で分かる事業承継のタイミングに加え、業界再編の状況も視野に入れるよう勧めている。迷っているうちに業界再編のピークは過ぎ去ってしまう。そのスピードは、経営者が考えているよりもはるかに速い。タイミングをほんの少しでも逃せば、あとはじり貧になっていくのを待つだけになってしまう。

❺会社と社員の未来を考える

何のためにM&Aをするのか？

これは経営者にとって、経営における本質的な問題だ。会社を高値で売却することは、もちろん大切だが、これまで私たちが携わってきたM＆Aの経験から言うと、「高く売りたい」のはやまやまだが、それだけでは満足のいく結果が得られるとは限らない。「社員のため」と考える経営者の会社は優良企業であることが多く、結果的に高値で譲渡されるという現実がある。

大手企業の子会社になったからといって、経営者や社員が低く見られたりすることはない。そのような態度を取る会社には、そもそも私たちM＆Aコンサルタントが売り手企業の情報を持っていくことはないし、売り手企業の信頼を得られずして、M＆Aが成約することもない。

成功する買い手企業は、売り手企業に敬意を払い、社員を大切にする会社である。会社を譲渡したオーナー経営者自身が嫉妬するほど、社員が大手グループ入りしたことに満足しているケースは多い。また、社員が実力を認められて重要ポストに抜擢されるケースも増えている。それは、元の経営者にとっては瞬間的には複雑な心境でも、社員の未来を守るという経営者の責任を果たした証拠ともいえる。

つまり、売り手も買い手も社員を大切にする会社こそが本当の成功者であり、そうしたM＆Aを実現できる経営者こそが、業界再編時代の絶好のタイミングを逃さない勝者といえるのだ。

業界再編時代に求められるのは競争ではなく協調

今後、日本の企業が国際競争で勝っていくためには、国内の企業が競合するのではなく協調し合うことで、資本や人材を増強し、競争力を高めていく必要があるのではないだろうか。繰り返しになるが、業界再編の目的は、企業同士が提携することで強者連合を作り、新たな価値を創造していくことにある。自社だけが生き残ればいい、オーナー家だけが資本を握って繁栄すればいいという考えではなく、大きなパブリックの視点に立って会社を経営していくことが、これからの経営者には求められていくだろう。

「嫉妬するが、嬉しくもある」

数年前に会社を売却した、オーナーの言葉だ。社員がグループ入りに非常に満足しているケースである。

多くの経営者は、会社は自分の人生そのものだと言う。そんな自分の分身のような大切な会社が、M&Aによって存続し、企業として更なる発展を遂げていく。同時に社員は、前より生き生きと楽しそうに働いている。——会社と社員に対する自分の願いは、すべて叶った――そんな気持ちになるという。自分だけの力では成しえなかったことが寂しくもあり、嫉妬もするが、やはり嬉しいとおっしゃることが多い。

自力で経営する時代は終焉を迎え、協調する時代の幕が開けたのだ。

ただ大量生産するだけ、今までと同じようなサービスを提供するだけでは、もはや企業が生き抜いていくのは難しい時代だ。商品やサービスには優れた付加価値をつける必要がある。そのためには、別々の会社が提携してひとつになることで体力をつけ、新たなビジネスへ挑戦することが必要なのだ。

これからM&Aはますます活発になり身近なものになるだろう。企業文化や風土の違う会社同士がひとつに融合し、競争するのではなく協調することを選ぶことでビジネスを進化させていく。1社ではできなかった新しいビジネスを実現していくことが求められていく。それに伴い、ダイバーシティや働き方改革に代表されるように、これからの日本人は、働き方そのものに対する大きな意識改革が求められている。

また、国内だけでなく、もっとたくさんの企業が海外企業と提携する時代も目の前に来ている。10年後はより多種多様な文化と協調することが求められるようになることは間違いない。

あるべき姿を考え抜くことが飛躍的成長につながる

実は、業界再編の動きは、最近になって始まったことではない。明治期の近代日本の夜明けから発展、敗戦から復興、そして高度経済成長から停滞、復活という大きな流れの中で、さまざまな業界で再編が起こってきた。業界再編は、企業の淘汰や統合を繰り返しながら、日本経済の原動力になってきたのだ。

つまり、業界再編は大手企業同士の買収合戦だけではない。その流れを初めに作り出すのは、業界をより良くしていこうという情熱を持った中堅・中小企業の経営者だ。しかし、その過程で「強者連合」の仲間入りができる経営者と、買い手がつかず取り残されてしまう経営者の二極化が起きている。では、どうしたら業界再編の流れに乗って強者連合の仲間入りを果たし、成功できるのだろうか。

私のこれまでのM&Aコンサルタントとしての経験から言えるのは、あるべき業界像について熱意をもって考え抜くことが大事だということだ。そうすることで、業界再編をリードする側に立つことになり、結果として会社の飛躍的成長を実現できるのだ。

第3章では、確固たる志を持って業界を切り開いている各経営者の方に登場いただいている。M&Aをしようとしなかろうと、会社やビジネスを成長させ続けるには「あるべき姿を描き続ける」ことが欠かせない。私がこの本を書きたいと思ったきっかけも、やはり志ある経営者にたくさんのことを学んだからである。

業界を切り開く経営者と共に、10年後の各業界がどうなっていくか、いかにしてビジネスを進化させていくべきなのかを考えていく。

第3章

業界のプロが考える10年後の業界地図

食品業界

大量消費・大量生産時代からの脱却

大企業も中小企業も規模の強みを生かして消費者のニーズに応えていく

大社啓二氏
（日本ハム株式会社 取締役専務執行役員）

M&Aで誕生した日本ハム

もともと日本ハムは、徳島県の徳島ハムと和歌山県の鳥清ハムが1963年に合併して生まれた会社です。企業カルチャーの異なる二つの会社を合併させるわけですから、さまざまな問題がありました。

一つの例としてはお得意様と従業員、それぞれの一体化です。当時は精肉店やスーパー等、保守的なお得意様が大勢いらっしゃったと聞いています。徳島ハムと鳥清ハムそれぞれの商品にご贔屓を頂いていたわけです。そのお得意様を日本ハムのお得意様として一体化を図る必要があり、同様に両社の従業員の気持ちも一つにしなければなりませんでした。

それがなかなか進まない状況の中で、1973年にプロ野球球団を買収し、「日本ハムファイターズ」を設立しました。それをきっかけに、「一つの会社」であるという認識を社内外に広げることができたのと同時に、東京を本拠地とする球団の知名度を借りて関東の市場に進出する足掛かりにもなりました。

1963年に合併をした前後から、高度経済成長にあわせて日本人の食習慣がどんどん洋風化していきました。加えて牛肉の輸入自由化により食肉消費が進み、ハムやソーセージが一般家庭の食卓にあがるように

日本ハム株式会社

- 売上高：単体 7,831億円
  連結 1兆2,022億円（2017年3月期）
- 従業員数：単体 2,372名
  グループ合計 29,679名
  （2017年3月/平均臨時雇用者数含む）
- 1967年東証一部上場
  食肉業界大手。食肉事業を柱に、加工食品、水産物、乳製品など。

大社啓二氏
日本ハム株式会社 取締役専務執行役員

1980年日本ハム株式会社入社。
1996年代表取締役社長就任。
現在は取締役（専務執行役員）海外事業本部長として、各国や地域の食文化に根ざした事業を展開、グローバル企業への加速を推進している。

なったことで、ハム、ソーセージ業界全体が大きく成長したのです。

業界全体の成長に合わせて他社と同じことをやっていても抜きんでることはできません。そこで、他社に一歩でもリードするために積極的な投資を行い、九州だけでなく、北海道や青森などに食肉生産拠点を建設していきました。国土の狭い日本での、牛、豚、鶏の生産事業は、地域の環境問題の絡みもあり、厳しい立地条件が設定されています。しかし先行して各地に生産拠点を構えて、生産、処理、加工、販売の食肉流通の一貫体制をいち早く構築したことは、現在において他社に対する競争優位性のひとつになっています。

こうして食肉、加工製造業としての基盤を固めていきながら、球団を買収して日本ハムという会社の知名度を広げ、さらに「ウイニー」や「シャウエッセン」などのブランド商品を次々にヒットさせたことでお客様の認知度が深まり、日本ハムに対する好感度が高まっていったのでした。

30年以上前から海外でのM&Aを展開

私たちは、かれこれ30年以上も前から海外企業の買収を行ってきました。古くは１９７７年、アメリカのデイリーミーツ（現デイリーフーズ）社の買収に始まり、１９８８年の豪州ワイアラ牧場の買収、２０１５年にはトルコのエゲタブ社の株式を取得し、２０１７年にはウルグアイのブリーダーズ&パッカーズ社を買収しました。

長年にわたり海外での事業拠点を築いてきたわけですが、1900年代までは国内マーケットへの原料や商品の供給が主たる役割であり、国内での事業拡大に大きな貢献を果たしてきました。そして2008年に海外戦略部を設立し海外マーケットでの売上拡大を目的とした事業展開を探り始めました。国内では絶対的なシェアを持つ日本ハムも、海外マーケットでの事業拡大には、海外の事業拠点が規模的に小さく、海外売り上げを高めるための積極的投資による構造改革が必要でした。海外のマーケットでは、グローバルな食肉企業の売上規模は、1社で数兆円にも達しています。

このようなグローバルな食肉企業に対して、私たちは、国内事業で培ってきた特色ある技術や商品開発力を活かし、付加価値がもたらす特徴化戦略やブランド戦略によって競争優位性を高められる事業構造の構築に取り組んでいます。そして従来の国内市場に向けた原材料や製品の供給事業に加え、所在地国での生産、製造、販売事業、日本以外の第三国への輸出事業の展開を推進しています。こうして、海外におけるNH Foods及びニッポンハムグループブランドの知名度、認知度、好感度を高めていき、海外マーケットでの成長基盤を

固めるように努めているのです。今は海外事業のセグメント情報として、米州、豪州、アジア・欧州といった「地域別」での業績管理をしていますが、将来的には、グローバル事業として、牛肉事業、豚肉事業、鶏肉事業等の「事業領域」ごとの戦略の下に成長を促進させる事業投資やM&Aを実行していきたいと考えています。そのためには国内のニッポンハムグループ事業との連携は欠くべからざるものです。海外のNH Foods、国内のニッポンハムグループ、それぞれを繋ぐ事業展開がグローバル企業としての価値を高めて将来の更なる発展をもたらすでしょう。その発展を支える新しい事業の創出や既存事業を補うものとしてM&Aを考えていきます。

10年後に向けて　中小企業と大手企業のとるべき戦略

日本ハムが大きな成長を遂げてきた背景には、高度経済成長に伴った事業投資がありましたが、現在の国内市場は、既に少子高齢化による消費人口の減少という局面に入っています。従ってかつての経済成長は期待できません。

また消費者の食に関する知識や食の文化レベルの高まりと飽食市場（デフレ＝もの余り）が進むことから更に買い手市場となり、消費者の選択権が非常に強くなっていきます。

だからこそ、細かく消費者のニーズを吸い上げ、お客様をセグメントした商品を開発し、そのお客様が本当に求めているものを的確に提供する必要があります。

この点は、大手と呼ばれる企業の課題となるのではないでしょうか。特に大量消費、大量生産の時代の事業構造から脱却できないでいる企業には、今後の成長のシナリオを描き難くなっていくと思います。消費者の声を反映した商品作りには、個別化の進むお客様の期待にしっかりと応えられる商品の製造と、専門的な知識を有する販売が必要です。生産単位の低い規模でも成り立つ製造を実現するには、小回りの利く中小企業が有利でしょう。必然的に商品の専門知識も高まり、お客様の顧客化が進んでいけば、売り上げ規模による市場のシェアを競うのではなく、顧客化の推進により収益を確保することができるからです。

一方大企業は、規模の維持拡大を図りながら、豊富な資金力を活かした国内の競合企業のM&Aか、市場が拡大する海外マーケットへの進出に成長を求めることになります。海外進出の前提は、グローバル化を担える技術や商品を備えていて、競争優位性の創出するブランディングが可能なことです。

もしくは、ホールディングスによる企業統治の仕組みが不可欠となりますが、競争力のある技術や商品を有する中小企業を数多く傘下に収めて、その保有企業のもたらす価値の数を連結する企業集団経営も考えられます。中小企業、大企業のいずれにしろ、持続性を保持し成長を図るためには、市場環境の変化に合わせた事業構造や戦略の見直しが避けられないでしょう。

食品業界動向

国内市場の縮小に対応すべく加速するM&A

２０１７年上半期、食品業界においては45件のM&Aが実行された。リーマン・ショック以降、２０１１年には約70件まで落ち込んだ食品業界M&Aの件数も、２０１３年以降は１００件前後と高水準で推移しており、２０１６年度は１３５件まで増加した。M&A増加の要因として、人口減少による国内市場の縮小が挙げられる。国内大手食品メーカーは新たな市場を開拓すべく、海外市場への投資を加速させている。

たとえばアサヒグループホールディングスは２０１６年、M&Aを2件実施した。いずれも、ビール事業の国内市場が縮小していくことを受け、海外に活路を求めて行ったものであり、総投資額は１・２兆円にものぼる。大手外食チェーンにおいても、国内既存店舗同士のパイの奪い合いは限界まできており、海外店舗の出店戦略を加速させている。たとえば「丸亀製麺」などを展開するトリドールホールディングスは、平成28年3月期で国内出店数が24店舗だったが、一方、海外出店数は１５７店舗（うち、M&Aによる取得85店舗）であった。各社、グローバル化を急速に進めている。

人件費・物流費の高騰に対応できる経営基盤が必要

人件費や物流費の高騰に対応していくため、積極的なＩＴ投資や、店舗の省人化・無人化が今後進められることになるだろう。それらの巨額投資に対応できない中堅以下の企業については、再編の波にのみ込まれるか、市場から撤退せざるを得ない状況となってきている。全国に点在する年商10億円以上のスーパーマーケット、総合スーパー約１０００社のうち、独立資本で生き延びていく企業は、ごく少数と予想される。

また、顧客ニーズの多様化にいかにして対応するかも課題である。

これまで平準化されたサービスを低価格で提供してきた外食業界では、中食産業の成長が著しい中、多様化・高度化する顧客ニーズに対応すべく、Ｍ＆Ａを活用してポートフォリオ経営を加速させている。なお、中食産業が成長している背景には、少子高齢化による単身・２人世帯の増加がある。やはり、人口動態が食品業界に与える影響は大きいといえる。

Ｍ＆Ａ件数の取引規模（株価）別推移を見ると、10億円未満の取引の全体に占める割合が２０１２年には50％に留まっていたのに対し、２０１４年は68％、２０１６年には70％まで伸長しており、小・中規模案件が食品業界Ｍ＆Ａの中心であることがより鮮明になってきている。

老舗企業も抱える「事業承継問題」

老舗の食品メーカーや伝統ある外食企業の存亡の危機を回避するべく、大手企業がそれらの企業を傘下に収める事例が増えてきている。

2014年11月、売上高150億円を超える日本を代表する老舗日本料理店「なだ万」の

図表3-1　老舗企業のM&A事例

譲渡企業	譲受企業	
2008年		
井筒まい泉	サントリー	1930年創業の井泉より1965年独立。「かつサンド」発祥の店
2010年		
紀ノ國屋	JR東日本	国内初のセルフサービス式スーパー
2011年		
シェ松尾	東京凧月堂	高級フレンチレストランの先駆け
成城石井	丸の内キャピタル	※2014年ローソンが買収 輸入食料品を取り揃える高級スーパー
2012年		
カルピス	アサヒグループHD	1919年発売の乳酸菌飲料
三浦屋	いなげや	都内で小型店舗を展開する高級スーパーの先駆け
2014年		
なだ万	アサヒグループHD	1830年創業。日本を代表する老舗料亭
旅がらす本舗清月堂	ドンレミー	1927年創業の老舗菓子メーカー
2015年		
壱番屋	ハウス食品	国内最大手のカレー専門チェーン
ショージアンドケー	都内外食中堅	浅草で30年以上の歴史を誇る鰻店を経営
2016年		
SONOKO	トリドールHD	故鈴木その子氏が創業した業歴40年、健康食品の通販事業を展開

出所：日本M&Aセンター作成

株式51・1％をアサヒビールが譲り受けた。これにより、180年を超える歴史と伝統を後世に繋ぎ、事業承継問題を解決。また、アサヒビールはなだ万が培った和食のノウハウを取引先の飲食店に提供することで、コンサルティング機能において競合他社との差別化を実現した。

現在日本国内には、業歴100年を超える老舗企業が約2万7000社ある。また、国内の約3分の2に当たる66％の企業が、後継者不在による事業承継問題を抱えている。後継者不在の有名老舗企業にとって、M＆Aにより事業を承継することが、伝統の味や技術を承継するための有効な手段として認識され始めており、今後も同様のM＆A事例が増え続けていくことが予想される。

多様化する顧客ニーズにいかに対応するか　外食産業で加速するポートフォリオ経営

外食産業も負けてはいられない。多様化する顧客ニーズに対応するため、大手外食企業はさまざまな業態を組み合わせて全体の店舗数を増やしていく成長の仕方が主流になっている。

2017年には、トリドールHDが、都内で30店舗ほどの立飲み居酒屋「晩杯屋」を展開するアクティブソースや、姫路発祥のラーメン「ずんどう屋」を国内・海外に30店舗ほど運営するZUNDを、日本M＆Aセンター仲介で傘下に入れた。

また、2017年9月、世界最大の食品・飲料メーカーであるネスレは、日米で高級コーヒー店を展開するブルーボトルの株式68％を約470億円で取得した。

日本人は今、過去の画一的な価値観から、他人とは違う体験や嗜好に価値を見出すようになり、それが消費動向に大きく影響を与えるようになってきた。それらの顧客ニーズを満たすべく、M＆Aを活用したポートフォリオ経営がますます加速していくだろう。

地域・業種をまたいだM&Aで進むスーパーマーケットの再編 ――IT企業と食品小売企業のM&Aで人口減に対応

スーパーマーケット業界では、各エリアのナンバーワン企業が、M＆Aにより同県及び

図表3-2　主な外食企業が展開する運営チェーン

	2016年売上高
ゼンショーホールディングス すき家、なか卯、ココス、はま寿司、ジョリーパスタ	5,440億円
すかいらーく ガスト、ジョナサン、バーミヤン	3,545億円
コロワイド 牛角、しゃぶしゃぶ温野菜、土間土間、ステーキ宮	2,344億円
日本マクドナルドホールディングス マクドナルド	2,266億円

出所：各社HPを参考に日本M&Aセンター作成

同地域の事業者を買収し、再編を進めながら熾烈な競争を繰り広げている。これまで独自路線を貫いてきた埼玉ナンバーワンのスーパーであるヤオコーが、神奈川県南部を中心に10店舗を展開する中堅スーパーのエイヴィ（売上高480億円）を2017年4月にグループ化した。異業種からM&Aによって食品スーパー業界に参入した国内外食最大手のゼンショーHDも、2016年10月、SM業態4件目となるフジタコーポレーション（群馬県）を買収した。

小売業界は、売上高の拡大や顧客の利便性の向上、労働人口の減少に伴う人手不足問題の解消を図るべく、地域で存在感の強い年商数億円規模の中堅スーパーが近隣地域トップランカーのグループに入るM&Aが、ま

図表 3-3　スーパーマーケット業界勢力図

※地図は略図
出所：日本 M&A センター作成

すます加速していくことが予想される。

コンビニエンスストアの寡占化は最終段階
御三家による出店数はさらに激化

２０１６年、当時コンビニエンスストア業界3位のファミリーマートと、同4位のサークルKサンクスを抱えるユニーグループ・ホールディングスが経営統合したことにより、首位のセブン-イレブンジャパンと並ぶ国内最大級の規模を誇るコンビニエンスストアチェーングループが誕生したことは記憶に新しい。その結果、セブン-イレブン・ファミリーマート・ローソンの上位3社の売上高が全体の85％を、店舗数でも87％を占めるに至り、業界再編が一段落したといえる。

今後は各社が生き残りをかけて、接客スピードの向上と売上高の拡大、人手不足問題の解決を図るべく、自動袋詰めのレジロボや電子タグ（ＲＦＩＤ）の導入など、ＩＴ投資を加速させていくと考えられる。

また、２０１７年6月、厳しい消費環境が続く中、ユニー・ファミリーマートＨＤとドンキホーテＨＤは商品開発やチャネルの多様化、仕入れや物流の効率化を見込んで、業務提携の検討を開始すると発表した。このように、同じ小売企業でも、フォーマットや出店エリアによって競合関係とならない企業同士が、それぞれの経営資源を生かした経営の効率化や物流の合理化、新業態の開発等を目的として業務提携する事例が、2018年度以降も増加していくことが予想される。

食品業界担当　江藤恭輔

IT業界

第四次産業革命はビジネスチャンス

人口減少の中で日本経済を引っ張るためにベンチャー企業を応援する手段としての「M&A」

鉢嶺 登氏
（株式会社オプトホールディング 代表取締役社長グループCEO）

インターネットの出現で逆転したビジネスモデル

子供ながらに経営者を志し、「絶対に起業する」という前提で高校や大学時代を過ごしてきた私は、最初から3年後に起業すると決めたうえで一般企業に入社しました。

入社して2年が経過し、いよいよ独立の準備をしようと必要なことを調べていた時、「起業しても1年で半分の会社が無くなる」「10年生き残る企業は1%」といった、不要な情報が入ってきました。後に、その真偽を確かめるため帝国データバンクにヒアリングしたところ、実際は30年間で半分が残っていることが判明しましたが、当時の私はこの都市伝説を真に受けて、正直なところ起業することがとても怖くなってしまいました。

そんな時、たまたま行ったエジプト旅行が、私の価値観を変えてくれました。現地の人々の生活ぶりを目の当たりにして、今の自分の恵まれた環境は、自分の親、祖父母世代が、戦後の貧しい中で努力してくれたからこそ享受できていることに気付いたのです。

「先人の努力によって、今の日本では失敗したとしてもどうにか食べていける。先人にならって私もチャレンジしなければ、未来の日本

株式会社オプトホールディング

- 売上高：698億円（2016年12月期／連結）
- 従業員数：1488名（2016年12月末／連結）
- 2013年東証一部上場

インターネット広告の代理店サービスにとどまらず、デジタル領域で様々なソリューションサービスを提供するマーケティング事業を主力に、投資育成事業、海外事業を行う。

鉢嶺 登氏

株式会社オプトホールディング
代表取締役社長グループCEO

早稲田大学商学部卒。森ビル株式会社にて3年間の勤務の後、1994年に有限会社デカレッグス（現株式会社オプトホールディング）設立。2015年のホールディング化に伴い、オプトホールディング代表取締役社長となり、現在に至る。

に発展はない」と考え、当初の予定通り起業したのです。

1993年に創業してからの7年間は、苦しい経営状態が続きました。売上はある程度伸びるものの、利益がほとんど出なかったのです。オプトは当初、ファクス広告を主軸にしたビジネスモデルでしたが、売上は3億円程度。これでは上場などできるはずもありません。ファクス広告では限界があると考え、1997年、ようやく民間ベースで普及し始めたインターネット広告に軸足を移しました。これをきっかけにして、売上が一気に伸びました。

それにしても、インターネットの出現は、ビジネスにおいてまさに革命でした。旧来の圧倒的な強者が弱者になっていく。ビジネスモデルの強みが弱みに変わるという逆転現象が、至るところで発生しました。

かつて銀行や証券会社は、たくさんの店舗網と社員がいないと勝てないといわれていました。しかし、オンライン証券会社は店舗や社員は少ないけれども、経費がかからない分、手数料を下げることができ、今ではそれが主流になっています。私は、たまたま広告の分野を選び上場まで漕ぎつけましたが、その後もあらゆる分野で上場するＩＴ企業が次々に出てきました。

ちなみに、世界の時価総額ランキング上位5社は、すべてＩＴ企業です。この手の逆転現象は、世界的に起こっているのです。残念なことに、ここに日本企業は1社も入っていないのですが、将来的には売上で1兆円を超える日本のＩＴ企業が10社、あるいは15社くらいにはなると見ています。

挑戦する人を応援するM&A

ただ、そのためにはベンチャー企業を支援していく環境が必要です。私自身が起業家で、ベンチャーキャピタルから投資を受けた経験もありますが、正直なところ「日本のベンチャーキャピタルには物足りない部分がある」という思いもあります。具体的に言うと、経営アドバイスや、顧客・人脈の紹介といった、お金以外の部分です。

それは、私自身がベンチャーキャピタルの支援を受ける際に期待していたことでもあります。

日本のベンチャーキャピタリストで、自分自身が起業した経験を持っている人は、ほとんどいないと思います。

対して、アメリカのシリコンバレーには、エンジェルと呼ばれる投資家が大勢います。エンジェルは、自分自身が起業家だった人が大半ですから、資金提供だけでなく、経営のノウハウや人脈も持っています。これが、アメリカでベンチャー企業が次々と登場している理由のひとつです。

そこで、アメリカのベンチャーキャピタルに近いベンチャー支援ができないかと考え、私たちも資金面の援助だけでなく、上場した経験を活かして、経営アドバイスや顧客基盤の紹介を行っています。その他にも、ベンチャー企業が本業に集中できるよう、管理業務をすべてアウトソースで受けるシェアードサービスが好評です。このように従来のベンチャーキャピタルとは少し違う支援を行う、投資育成事業を展開しています。

10年後のIT業界

この先、10年後の世の中に思いを馳せた時、ITは最大の成長産業ではないでしょうか。特に日本においては今後、人口減少によって衰退していく産業がたくさん出てくるでしょう。そのなかで数少ない成長産業として期待できるのがITだと思うので、このジャンルで日本経済全体を引っ張っていく気概を持つ必要がありますし、10年後に「あって良かったね」と思ってもらえるようなサービスを、外資系企業に負けないように提供していかなければなりません。

ただ、プラットフォームのビジネスでは、アメリカに勝てません。それは「言葉の経済圏」ともいうべき問題で、英語圏は約18億人、中国語圏は約13億人といわれている一方で、日本語圏は約1億人です。世界を視野に入れたプラットフォームビジネスを展開するなら、言語

人口の多さから言ってもＳＮＳはフェイスブックだし、ｅコマースはアマゾンになります。たとえば日本国内と英語圏それぞれで、著名なＳＮＳ発信者のフォロワー数は比較すると規模がまったく違います。したがって、そこにつく広告費用の規模も違います。そういった面から、プラットフォームビジネスで日本企業がアメリカ企業に勝つのは厳しいでしょう。

問題はその先の第四次産業革命に移行していくなかで注目されるＩｏＴやロボット、ビッグデータの領域です。第四次産業革命が拡大していくなかで、ビジネスのルールがまた変わる可能性があります。プレーヤーから競合まで、何から何まで変わっていくことでしょう。すべての業界・企業にＩＴは入っていきます。すでに建設や農業といった、これまでＩＴには程遠かったような業界にもＩＴが入ってきています。

このようなビジネスチャンスを経営者がものにして、日本企業が逆に世界の中心になれるかどうか。もし中心になることができれば、世界の時価総額ランキングのベスト50に多くの日本企業が入れる可能性も出てきます。大きな波は何十年かおきに来るので、次の大きな波を捉えられるかどうかによって、日本企業の真価が問われるといえるでしょう。

IT業界動向

成長著しい売り手市場で、M&Aの件数は過去最高を更新中

2014年のIT業界の市場規模は22・8兆円であり、約20年前と比較すると3・2倍に拡大している。2000年以降はインターネット関連サービス業の成長が顕著である一方、受託システム開発などの情報サービス業については、微増となっている。

日本のITソフトウェア業界のM&Aについては、2017年1月～6月までの上半期の件数が367件で、過去最高であった前年の622件を上回るペースで成立している。これは、国内全40業種分類の中で最も多い件数である。過去の推移を見ると、2000年代前半のITバブル終焉後、小泉政権のいざなみ景気と共にIT企業のIPOやM&A

図表3-4　ITソフトウェア業界 M&A件数

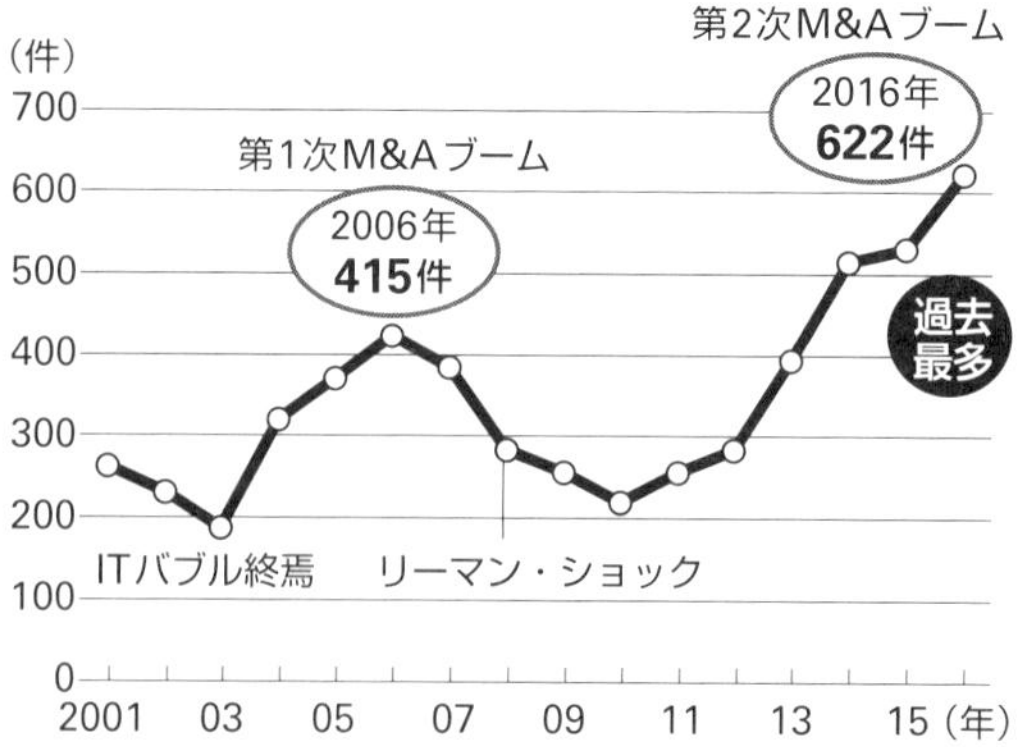

出所：レコフ調べ

ブームが起こり、２００６年に当時で過去最高だった４１５件を記録。その後、金融危機の影響で急速に減少した後、２０１０年を底に反転し、現在まで７年連続で上昇が続いている。

旧来型のシステム開発案件特需で業界が潤う中、Ｍ＆Ａが活発な背景は大きく２つだ。一つ目は、好調な業界環境と人材不足についてであるが、ＩＴ業界はここ数年の間、みずほ銀行や日本郵政のシステム投資、マイナンバー制に伴う開発案件など、特需ともいわれる大型のシステム開発案件が目白押しとなっていた。

金融危機後の不景気で手控えられてきた企業のＩＴ投資が活発化し、ＩＴソフトウェア企業の多くが増収増益と

図表3-5　技術者の量的不足感についての調査結果

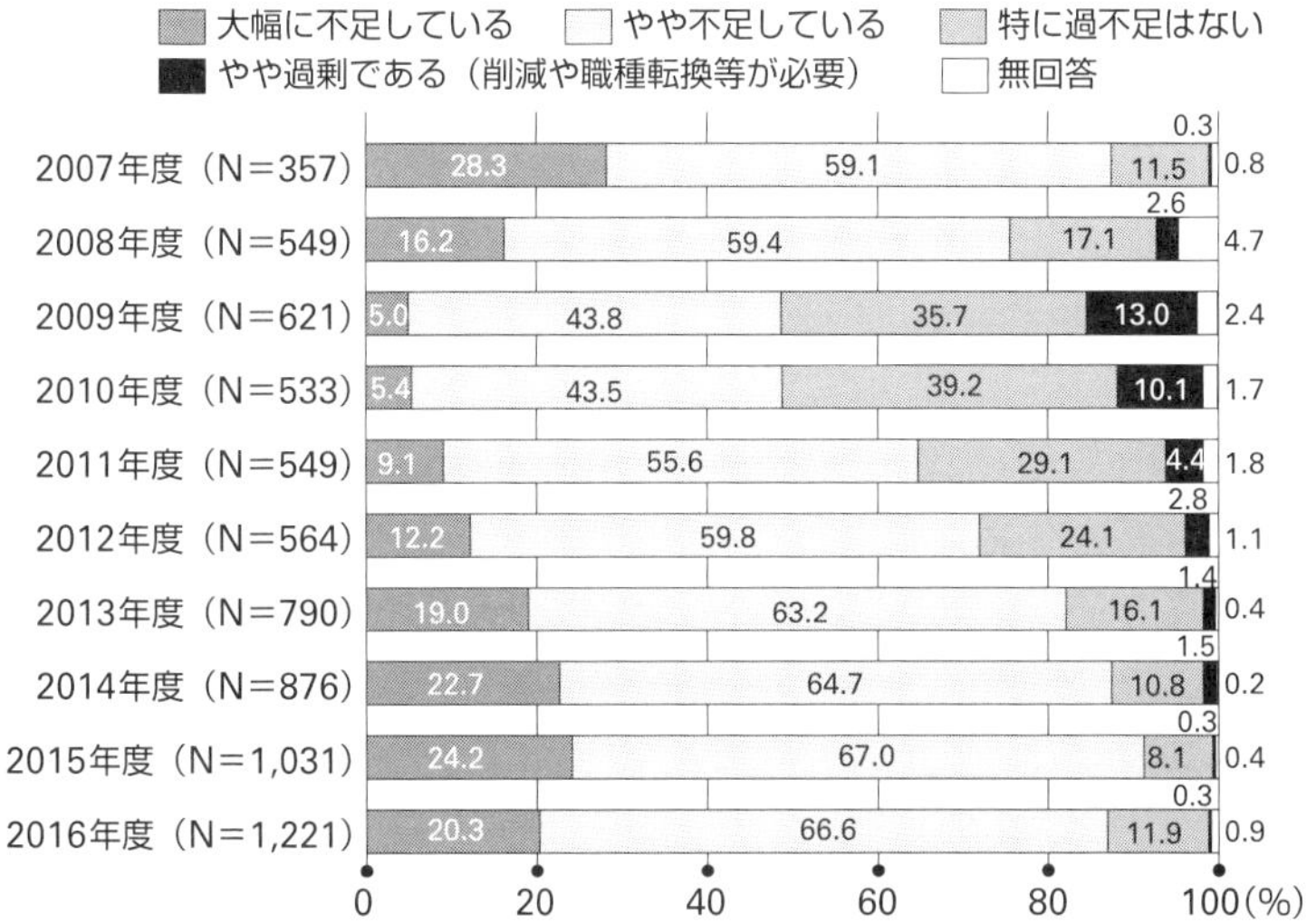

注：小数点第2位以下を四捨五入して表記しているため、各数値の合計値と実際の合計値は必ずしも一致しない

出所：IPA「IT人材白書2016年」

なり財務基盤も安定し、さらなる成長のためM&Aで企業や事業を譲り受けたいという買い手企業が急増し、売り手市場となっている。

好景気の結果起きているのが、技術者不足の問題だ。「IT人材白書2016」によると、IT人材の「量」に対する過不足感は、「大幅に不足している」と「やや不足している」を合計して約87%にのぼり、リーマン・ショック前の水準まで戻っている。

足元の経営環境は非常に良く、人材さえいれば収益拡大を見込めることから、人材確保を目的としたM&Aニーズも以前にも増して強くなっている。

二つ目に、技術革新によりビジネスモデル自体の変化が求められていることも、再編を促す大きな要因となっている。後述するが、クラウド化やAI、IoTなどの「第四次産業革命」とも呼ばれる技術革新により、顧客がIT企業に期待する役割が大きく変わりつつある。

この環境変化を先取りし、いち早くビジネスモデルを進化させようと目論む経営者からの相談が増加している。足元の経営環境が良いうちに、新たな価値創造のため、自社にはない技術や製品、サービスを持つ他社と、戦略的に提携しようとM&Aを模索しているのだ。

第四次産業革命に向けた買収の実例

ソフトバンクグループが英国の半導体設計大手アーム・ホールディングス（以下ARM）を買収した事例は、2016年を象徴する出来事であった。ARMは、スマートフォンに搭載されるＣＰＵや通信用半導体で世界90％超のシェアを占める。ソフトバンクは、２０３５年には1兆個のＩｏＴデバイスがインターネットに接続され、１００兆円規模の超巨大市場になることを見込んでおり、来たるＩｏＴ時代に備えたのだ。なお、このＭ＆Ａの買収金額は約３・３兆円であり、日本企業による海外企業Ｍ＆Ａでは過去最大の金額となった。

第四次産業革命時代への布石にＭ＆Ａを用いているのは、大企業だけではない。２０１６年9月に、オンライン自動翻訳サービスを提供するベンチャー企業であるロゼッタが、同じく翻訳のクラウドソーシングサービス（Conyac・コニャック）を運営するベンチャー企業、エニドアを買収した。ポイントは〝ＡＩ〟と〝クラウドソーシング〟という両社の持つ技術融合によるシナジーだ。ＡＩの精度向上における最大の決定的要素は学習データであり、エニドアのクラウドソーシング上で人間が行う翻訳は膨大な集合知となってＡＩの精度を向上させることができる。

大企業であれ、ベンチャー企業であれ、先見性のある経営者は、大きな転換期の中で、現状のビジネスに安住することなく、攻めの一手を投じているのである。

受託開発企業は、顧客との共創で業界を勝ち残る

クラウド化の流れが着々と進む中、システムは「所有」するものから「利用」するものへと変化している。クラウドサービスの利用で代替可能な、旧来型システムを新たに自前で開

発しようとする企業は、今後減少していくだろう。

また、これまでのように、ＩＴ投資を単なる効率化やコスト削減等を目的に行うのではなく、売上への直接的な貢献や、競合との差別化を目的に、戦略的に考えるようになっている。

事業の成長、差別化と直結し、要となるシステム開発の多くは、外注されることはなく、内製化されるものと見込まれる。そうなったときにＩＴ企業に求められるのは、顧客の業界、ビジネス、経営を深く理解したうえで、パートナーとして、最新技術の知見を活かしたＩＴ戦略立案、事業提案を行い、顧客と共にビジネスを創造していく覚悟と能力である。

こうした環境変化により、従来型の受託開発企業は単独での成長が難しくなるため、景気の良い今後１～３年内に淘汰されるか、戦略的に成長性を見込める企業グループへ入る動きが加速し、再編が進んでいくだろう。また、派遣法の改正により、小規模の技術者派遣企業の事業

図表3-6　2017年度に最重要視するIT戦略上の課題

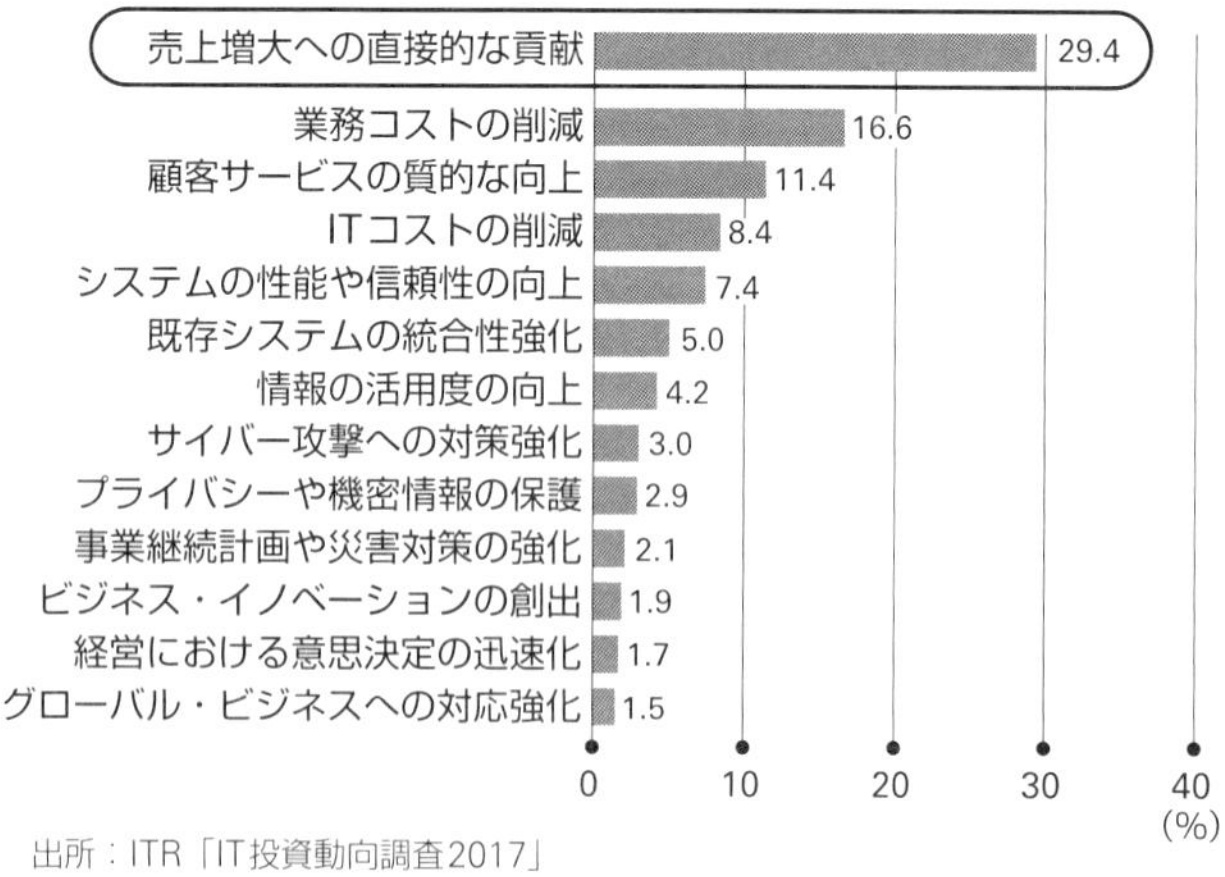

出所：ITR「IT投資動向調査2017」

継続が困難になっていることも、再編が加速する要因となるだろう。

大企業×ベンチャー企業の連携が加速

近年、IT企業に対するファンドやVC（ベンチャー・キャピタル）の投資も活発になっている。図表3-7は、IT企業を買収（資本参加含む）している業種の件数推移であるが、2013年以降ファンド・VCの投資が急増している（図表3-7の「その他金融」）。直近2016年は年間のベンチャー企業の資金調達額が初の2000億円を超え、1社当たりの調達金額も2億9610万円と過去最高額となり、資金調達の大型化が進んでいる（JVR「2016年末公開ベンチャー企業資金調達状況」）。

特筆すべきは、将来のIPOやM&Aでのイグジットを目的とした純投資だけではなく、大企業

図表3-7　IT企業の買い手となっている業種

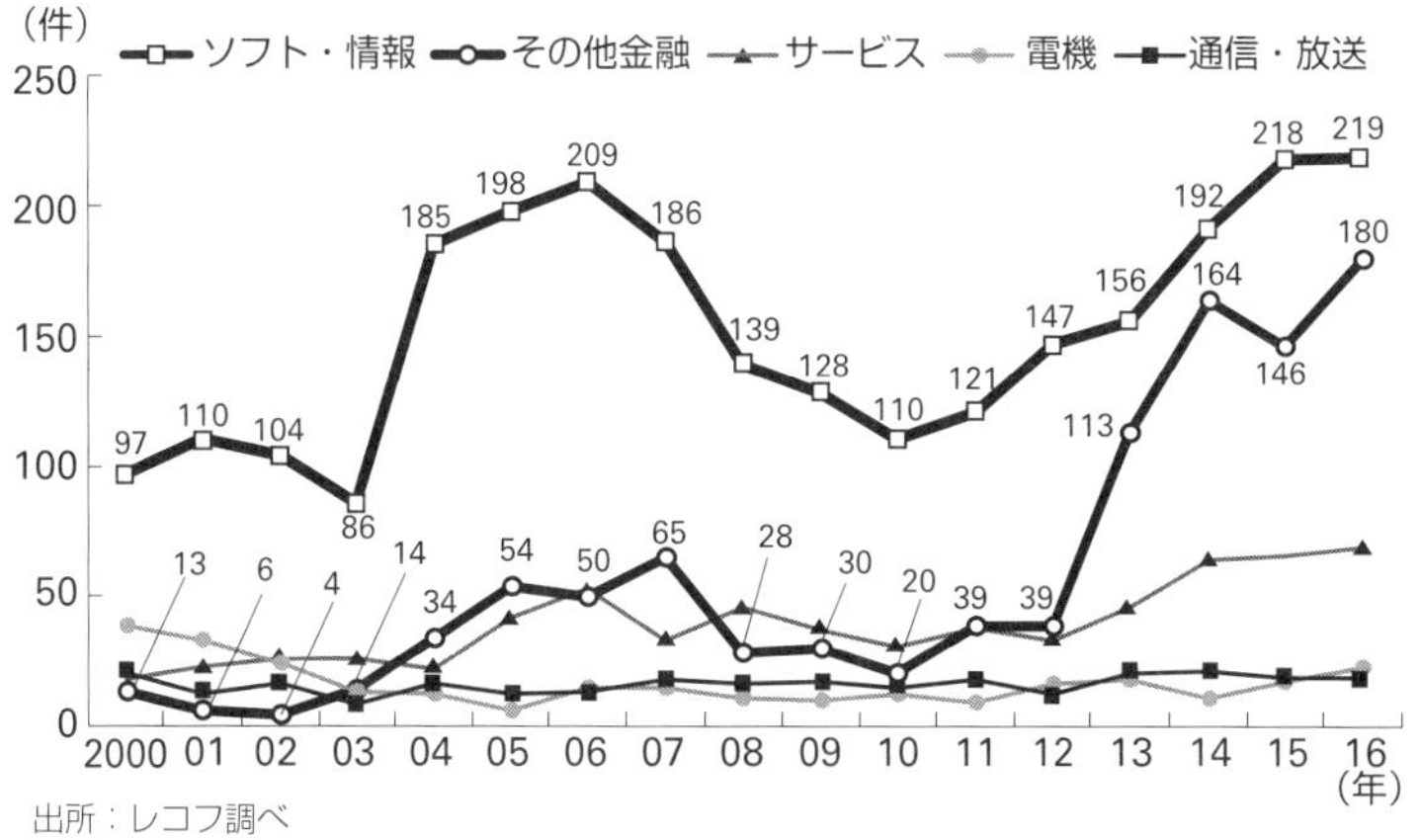

出所：レコフ調べ

図表3-8　先端技術獲得のための資本提携

2016年	買い手	対象企業	事業内容
1月	テラスカイ	エコモット	IoT関連のセンシング技術開発
2月	インフォメーション・ディベロプメント	リアルグローブ	IoT、AI分野に事業展開
3月	ウフル	Technical Rockstars	IoTプラットフォーム運営
3月	コムチュア	ジェイモードエンタープライズ	ビッグデータを活用したデータ分析
4月	レカム	AI inside	AI搭載OCRサービス
6月	ドワンゴ	リアルアンリアル	GPS、AIを用いたアプリ企画、開発
6月	NTTドコモ	ベジタリア	農業IoTベンチャー
8月	イード	レイ・フロンティア	AIを使った行動情報の分析・調査、ソフト開発
8月	インベスターズクラウド	GA technologies	AIリノベーションアプリ開発・運営
9月	グローバルウェイ、ベクトル	ココン	IoTセキュリティ対策
9月	日本瓦斯	メタップス	AIによるビッグデータ解析
9月	SHIFT PLUS	dataremer	AI技術開発のための学習データ提供
10月	共同通信イメージズ	データセクション	AIを活用した画像解析技術、ビッグデータ分析
10月	伊藤忠商事、NTTデータ、他	空色	AI技術を活用したWeb接客サービス
10月	東レエンジニアリング、他	エルピクセル	AI、画像解析ソリューション
11月	NTTドコモ	PKSHA Technology	AI分野のアルゴリズムに関する最先端技術開発
11月	夢真ホールディングス	SELF	AI搭載のiOS向けアプリ開発
11月	三菱地所、他	ライナフ	IoTデバイスを活用した不動産流通・活用サービス
11月	ショーケース・ティービー	コグニロボ	AI技術を活用したソリューション提供
12月	ITホールディングス	エルブズ	AIビジネスベンチャー
12月	バンダイナムコエンターテインメント	HEROZ	機械学習などのAI関連ベンチャー

出所：レコフ調べ

が設立したCVC（コーポレート・ベンチャー・キャピタル）による投資が活況になっていることだ。そうしたCVCは、金銭的なリターンを追求するのではなく、資金の出し手である大企業との事業シナジーや、新規事業の開拓を目的とし、外部にネットワークを広げ、ベンチャー企業との連携を通じて、成長の種を探そうとしているのだ。

日進月歩の革新が続く業界で必要なこととは

世界的に、この先すべての産業構造、就労構造が、「デジタライゼーション」によって劇的に変化すると予想されている。

その中でIT企業が果たす役割は、非常に大きい。いかなる業界や企業であれ、ITなくして成長は見込めない。事実、業界の垣根を越えて多くの企業が、自前主義にとらわれず、オープンイノベーションで、自社にはない技術、サービスを持つ外部のIT企業と提携を加速させている（図表3-8）。その結果、過去には実現不可能と思われていたビジネスが、続々と実現されようとしている。これからのIT企業は、既存ビジネスの延長線上のアプローチではなく、異業種も含めた企業間連携、積極的なM&Aによる外部リソースの獲得、戦略的な大手企業へのグループ入りなど、ダイナミックかつスピーディーな企業活動が今後必要になり、そうした動きがよりいっそう活発になってくるだろう。

IT業界担当　瀬谷祐介・田中菖平・竹葉　聖

ファシリティマネジメント業界

日本発グローバルレベルのIFM企業へ

アジアを舞台にテクノロジーを活用した先進のサービスでお客さま、地域社会の「環境価値」を創造

中山一平氏

（イオンディライト株式会社 代表取締役社長 兼 社長執行役員）

日本をリードするＩＦＭ企業へ

当社は創業から40年以上にわたり、設備管理・清掃・警備をはじめとしたファシリティマネジメント（ＦＭ）における「オペレーション領域」のサービスを提供し、お客さまにファシリティ（施設とその周辺環境）の「安全・安心・快適」を提供してきました。現在では、ワークプレイスコンセプトの策定やオフィスレイアウトの設計、エネルギーマネジメント、セキュリティ対策や災害時のＢＣＰ対策といったＦＭの「マネジメント領域」にまでスコープを拡大し、戦略的パートナーとして最適なサービスを提供することで、お客さまの成長に貢献するＩＦＭ（インテグレーテッド・ファシリティマネジメント）を展開しています。ファシリティへの適正な経営資源の配分までを含めた提案により、管理・運営業務全般に対する最適なサービスを提供することでお客さまが中核事業に集中できる環境をつくります。

さらに、ファシリティに留まらず、サービスの提供領域を間接業務全般へと拡大し、お客さま個別の経営課題に対してソリューションを提供するアウトソーシングパートナーとなっていきたいと考えています。

ＩＦＭは、日本国内ではまだ馴染みがないかもしれませんが、欧米では

イオンディライト株式会社

- 売上高：2,947億円（2017年2月期／連結）
- 従業員数：4,078名
  （グループ合計：13,079名／2017年8月末）
- 2000年東証一部上場
  ファシリティ（施設とその周辺環境）の管理運営に関する最適なサービスを提供する「IFM（インテグレーテッド・ファシリティマネジメント）」を展開。

中山一平氏
イオンディライト株式会社 代表取締役社長兼 社長執行役員

1977年、ジャスコ株式会社（現イオン株式会社）入社。
2006年、イオンディライト株式会社取締役。
2013年、同社代表取締役兼社長執行役員。
2014年、同社代表取締役社長。
2016年5月に同社代表取締役社長兼社長執行役員に就任。現在に至る。

イオンディライトが提供するIFM

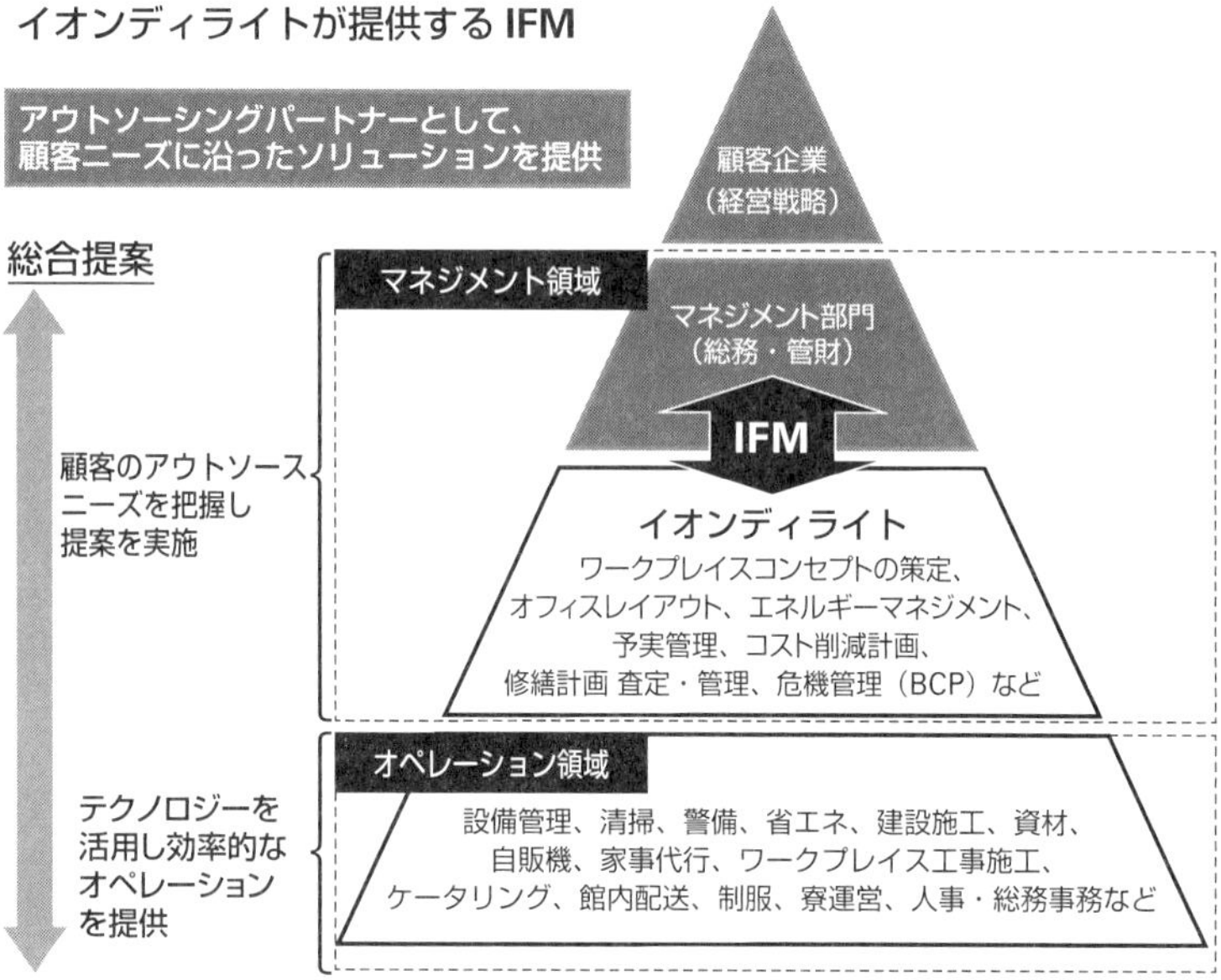

リーンな企業経営を行う上で非常に有効な手段として普及しています。昨年、欧州に本社を置くあるグローバル企業を視察する機会がありました。同社では、世界中に点在するビジネス拠点を３つのエリアに分けて、そのエリアごとにパートナーを１社選定し、ＦＭをアウトソーシングしているということでした。中核事業に経営資源を集中するため、間接業務は専門性の高い企業に任せ、品質向上とコストの削減を図っているのです。

日本国内では独自の雇用慣行もあり、特に大企業では系列企業や関連企業に委託するケースが多く見受けられます。また、１社に全てを任せることをリスクと捉える傾向も強いように感じます。このような背景もありＩＦＭという概念がなかなか根付かなかったのではないでしょうか。

ところが近年では、国内企業においてもグローバル化が進み、ＲＯＡやＲＯＥなど生産性の向上に向けた取り組みが活発化したことで、風向きが変わってきました。加えて、特に環境衛生面で求められるサービスの水準が高まっていることも影響しているでしょう。日本企業の中でも、グローバルにビジネスを展開する企業を中心に、ＩＦＭのメリットに気付き始め、導入を検討する企業が増えています。

新たなデファクトスタンダードの確立へ

国内におけるビルメンテナンス業の市場規模は、３兆円から４兆円ともいわれていますが、日本全国をカバーし総合的にサービスを提供できる企業は数少なく、設備管理や清掃などといった個々のサービスを専業で提供している企業が数多く存在している状況です。ところが構造的な人手不足により、これら労働集約型のビジネスが成り立たなくなりつつあります。省人化や省力化により生産性を向上させることが喫緊の課題となっているのです。

こうしたなか、当社はテクノロジーの活用を通じ、新しい施設管理モデルの構築を進めています。これはＩｏＴにより施設内の設備やカメラ、センサー等をオープンな仕組みでネットワーク化し、遠隔監視や自動制御により効率的な施設管理を行うというものです。設備のオープンネットワーク化は、昨年より中国蘇州にて取り組みを開始し、今年に入り国内でも導入しました。

この仕組みを基とした新たなプラットフォームの構築を目指し、その実現に向けて国内外のさまざまな企業と共創していきたいと考えています。そして志を共にする企業と力を合わせ、ＦＭの新しいスタンダードとして拡げていきたいと思っています。そのため、ＦＭ業界の内外を問わず他社とのアライアンスやＭ＆Ａも引き続き積極的に検討していきます。

また、当社が事業を展開する中国やＡＳＥＡＮ各国といったアジアでは、社会インフラの整備や都市化の進展により、ファシリティの活性化や効率的な運用が重要な課題となっています。経済成長によりアジアでは施設のストックも増加する一方、労働コストの上昇も見られることから、より効率的・先端的なＦＭの需要がますます高まるものと見込んでいます。当社ではこのアジア市場を中長期的な重点エリアと捉え、成長ポテンシャルの高い同エリアに経営資源を積極的に投下しています。

「私たちは、お客さま、地域社会の『環境価値』を創造し続けます。」これは当社が掲げる経営理念です。イオンディライトが誕生した２００６年当時は「環境価値」と言っても、その意図するところをなかなかご理解いただくことができませんでした。ところが現在では、「環境」を謳わない企業はほとんどないと言っても過言ではありません。近年ではＥＳＧ投資に代表されるように企業に対する社会の目も変化し、環境負荷低減をはじめとした持続的社会の実現に貢献をしない企業は社会からの信頼を得ることができなくなっています。今後この傾向はますます顕著になっていくのではないでしょうか。加えて、国内では労働人口の減少により地域コミュニティーの重要性が増していくものと思われます。当社としても今後は建物単位ではなく、エリア単位で管理を実施する事業モデルに注力していく必要がありす。個々の建物の保守・メンテナンスはもとよりエリア単位でのエネルギーマネジメントや災害時のネットワーク構築といった発想も必要と考えています。

当社はこうした取り組みにより、アジアを舞台にテクノロジーを活用した先進のサービスを提供し、お客さま、地域社会の「環境価値」を創造し続けるＩＦＭ企業を目指してまいります。

建設・設備工事・ファシリティマネジメント・不動産業界動向

現状は活況だが、業界として大きな問題を抱えている

建設業はゼネコンをピラミッドの頂点にして、多重下請け構造になっていることが特徴である。また、裾野が広く、建設業のバリューチェーンにおいては、建設コンサルティング会社、設計会社、建設資材会社、専門工事会社、設備工事会社、維持・修繕会社、管理会社など、様々な専門会社が存在する。

建設投資額は1992年の84兆円をピークに、2010年の42兆円まで減少してきたが、2013年以降は50兆円を上回る水準で推移している。バブル崩壊以降続いた建設不況を経て、建設業界は2012年の国土強靱化などの政策により追い風が吹いており、2017年3月期にはスーパーゼネコン4社が過去最高益を更新するなど、活況に沸いている。しかし、建設業は二つの大きな構造的問題を抱えており、近い将来の不安を感じている経営者は多い。

図表3-9　建設投資額（名目値）の推移

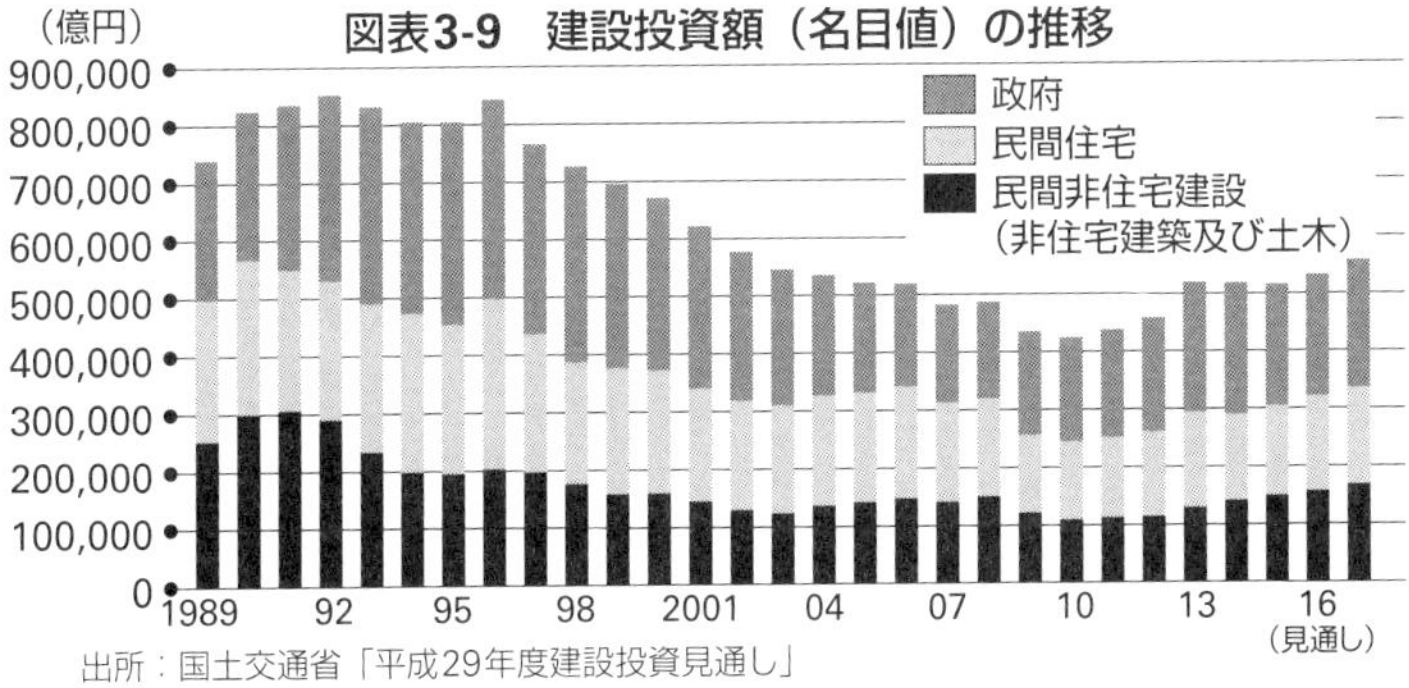

出所：国土交通省「平成29年度建設投資見通し」

図表3-10　建設業就業者の高齢化の進行

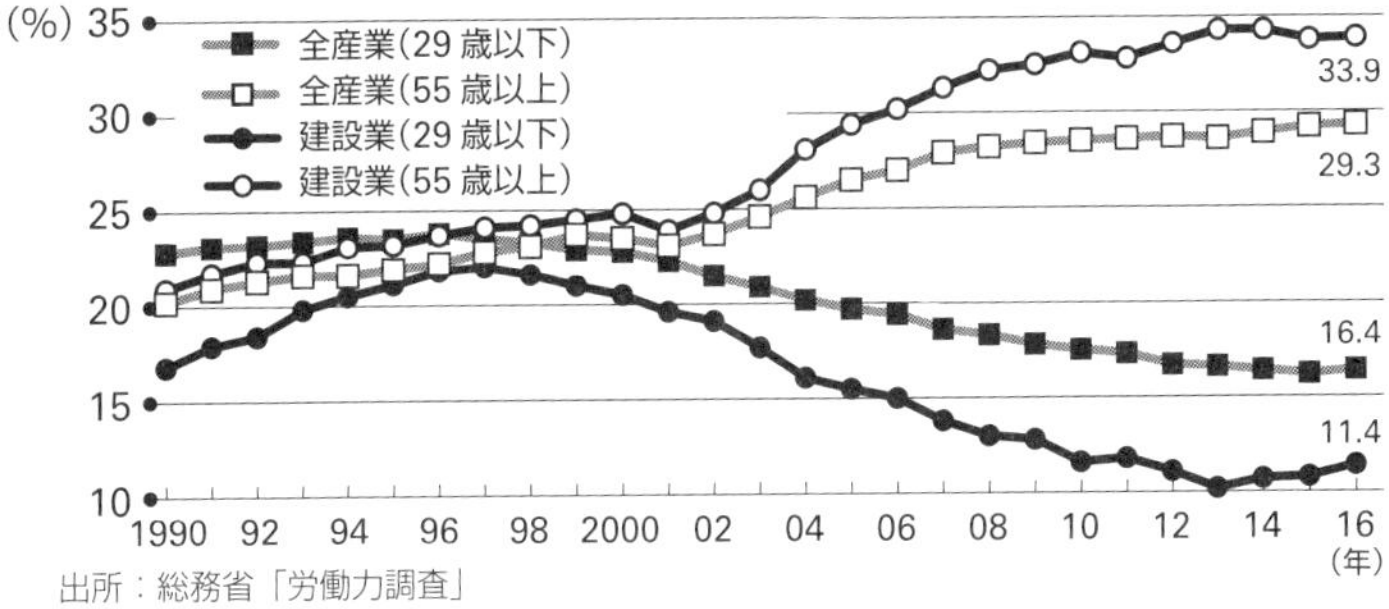

出所：総務省「労働力調査」

問題の1点目は、市場のさらなる縮小である。国内においては、人口減少の問題が建設市場の縮小に影響を与える。オリンピックが開催される東京とその周辺では、大幅に落ち込むことはないとみられているが、あくまで限定的な話で、他の地域には当てはまらない。

2点目は労働力の問題である。東日本大震災以降、人手不足が浮き彫りとなったが、それは一時的なものではなく、建設業界が抱える根本的な課題である。20年超にわたる建設投資の減少に伴い、建設業の就労人口も1997年の685万人から2016年には495万人と190万人（27・7％減）も減少している。その上、建設業は他産業以上に高齢化が進んでおり（図表3-10）、今後本格的な担い手不足の時代を迎えることとなる。

ポジティブな意味合いでのM&Aが起きている

建設業のM&Aの成約件数（公表事例に限る）は、リーマン・ショックを契機に低迷していたが、その後は5年連続で増加している。2011年といえば、「東日本大震災の復旧」のために公共工事が増加した年だが、この頃から業界の潮目が変わるとともに、M&Aの成約件数が増加したのである。2017年は6月までの半期で46件の成約が公表されており、リーマン・ショック前の水準まで回復しているといえる。

業界として大きな問題を抱える中、注目されているのが、維持修繕工事である。建設投資額が2015年は51兆円で、ピーク時1992年の84兆円より約22％少ないが、減少したのは新設工事であり、維持修繕工事は23年の間に約27％増加。全体における維持修繕工事の割合は14・5％から28％へと倍増している。特に、めぼしい新設工事が見込めない地方においては、建築物、道路・橋梁・トンネルのインフラの維持・補修工事などの重要性が増すことが想定され、各企業はこの変化に対応することが今後の経営において不可欠となる。

維持修繕工事の市場はフロー型である新設工事と比べると、今後も市場の拡大が見込めること、ストック型のビジネスにつながりやすいことからも、この市場に展開したい企業は多く存在する。一方、ストック型のビジネスをしている企業にとっては、フロー型の工事会社をグループ化することで、内製化による利益率の向上、単価の高い受注の実現というメリットがあり、新設&維持修繕の企業間のM&Aが目立っている。

また、労働集約型である建設業のM&Aは、「人材」の要素が非常に強い。人材獲得競争が激化している中、M&A活用のメリットは非常に大きいのである(図表3-11)。

このように、建設業では再編が起こらないというのは過去の話であり、この好環境が続く間は、再編は進んでいくと考えられる。現在起こっている再編は「企業の淘汰」「再生」というネガティブなイメージのものではなく、「合従連衡」「成長戦略の実現」というポジティブなものだ。建設業は受注産業であり、発注者の動向に業績が大きく影響されるという課題を多くの企業が抱えている。

今後は、一部の発注者の動向に影響されない安定した経

図表3-11 M&Aのメリット(人材面)

譲受企業	• 複数の人材を一度でグループに迎え入れることができる • 異なる業種・専門性の人材の獲得が可能となる
譲渡企業	• 会社の信用力が高まり、採用力を強化することができる • 従業員の処遇・福利厚生などが向上し、従業員の雇用を安定させることができる • 従業員の活躍の場が広がり、より広いビジョンを持つことができる

建設業とメーカー	【譲受】コニシ 【譲渡】角丸建設
設備工事業とビルメンテナンス	【譲受】高砂熱学工業 【譲渡】丸誠
警備業と設備工事業	【譲受】セコム 【譲渡】東光クリエート
建築用製品と大規模修繕工事	【譲受】YKK AP 【譲渡】ラクシー

出所:日本M&Aセンター作成

営が求められており、再編が進行した結果、特定の顧客や公共工事に依存しない、総合的なサービスを提供できる企業グループが形成されていくだろう。

業種別M&Aトピックス

■「土木・建設業界」のM&Aは守りから攻めの時代に

業界が低迷していた2012年までの時期は、青木あすなろ建設によるみらい建設工業の買収、大和ハウス工業によるフジタの買収、安藤建設と間組の合併のように大手企業の再編が目立った。この時期は、企業再生や経営統合など守りのM&Aが目立ったが、2013年以降、業界の風向きが変わるにつれ、積極的な攻めのM&Aが目立つようになった。その特徴としては、業績の良い中堅・中小企業がM&Aにより大手グループに入っていること、異業種からの参入の増加が挙げられる。

図表3-12　異業種からの参入の主な事例

住宅建材卸⇒建設	【譲受】OCHIホールディングス 【譲渡】DS TOKAI
通信工事⇒土木・舗装工事	【譲受】コムシスホールディングス 【譲渡】川中島建設、東京舗装工業
造船⇒建設	【譲受】今治造船 【譲渡】りんかい日産建設
建材製造⇒建設	【譲受】コニシ 【譲渡】角丸建設

出所：日本M&Aセンター作成

■それぞれの業種で再編が進む「設備工事業界」

設備工事業界は電気工事、電気通信工事、ガス工事など明確に業種が分かれているが、業界再編により統合が進んでいる。この5年間の設備工事業界のM&Aで特徴的な企業は、通信工事業界最大手のコムシスホールディングスだろう。2014年に当時発行済み株式の約19%にあたる自社株（当時の価額で約492億円）の全株をM&Aに活用すると発表し、継続してM&Aを実施している。これはNTTへの依存度が高いという経営課題を解決するために、その他分野の拡大を図るものである。

また、近年のエネルギーシステム改革により、電力系電気工事会社やガス工事会社のM&Aの動きも活発化している。以前、電力系電気工事会社はM&Aに動くことは少なかったが、M&Aの活用による他地域・他業種への展開が目立ってきている。

■M&A市場で注目される「ビルメンテナンス業界」

この業界は今後大きな市場拡大が見込めないものの、建設業のバリューチェーンにおけるストック市場として、M&A市場で常に注目される業界となっている。同業間のM&Aも活発で、最大手のイオンディライトを中心にさまざまなM&Aが行

図表3-13　コムシスホールディングスのM&A事例（年商は当時）

2014年	セントラルビルサービス（北海道、ビルメンテナンス、年商5億円） 日本エコシステム（東京都、太陽光発電システム、年商155億円） 川中島建設（長野県、土木工事、年商18億円）
2015年	東亜建材工業（北海道、産業廃棄物処理、年商8億円） 日本アフター工業（長野県、機械器具設置工事、年商2億円） 東京鋪装工業（東京都、道路建設工事、年商131億円）
2016年	ヴァックスラボ（北海道、ソフトウェア開発、年商15億円）
2017年	カンドー（東京都、ガス・水道工事、年商358億円）

出所：日本M&Aセンター作成

われている。スイッチング・コストが高く、新規受注が難しいことから、業容を拡大したい企業にとってはM&Aを行うことが不可避となっている。

■多角化を図る住宅メーカー

2019年には世帯総数が頭打ちとなり、以降加速度的に減少すると予測される。それを見越してか、2018年度の大手各社の業績予想も保守的なものになってきた（図表3-14参照）。

新築中心のビジネスモデルであった各社が多角化を進めており、たとえば最大手の大和ハウスは、中堅ゼネコンのフジタをはじめ、パーキング事業を営むダイヨシトラストとトモを、またマンション管理のコスモスライフやグローバルコミュニティを、そして不動産分譲のコスモスイニシアを買収してきた。同様に、中堅企業においても、近年その兆候は顕著である。

図表3-14 住宅メーカーの業績予想

年度	2017	2018（予想）	2017→2018	2017	2018（予想）	2017→2018
	売上（億円）		売上成長率	営業利益（億円）		利益成長率
大和ハウス工業	35,129	37,500	7%	2,935	3,200	9%
積水ハウス	20,269	21,440	6%	1,841	1,920	4%
住友林業	11,133	12,410	11%	539	505	-6%
旭化成ホームズ	5,702	5,930	4%	595	600	1%
積水化学工業	4,849	5,000	3%	375	390	4%
ミサワホーム	3,998	4,000	0%	84	70	-17%
パナホーム	3,596	3,700	3%	118	130	10%
三井ホーム	2,549	2,600	2%	50	51	2%

出所：各社HPを参考に日本M&Aセンター作成

■「不動産管理業界」では、再編によりシェアの争奪が激化

実現はしなかったものの日本郵政と野村不動産のM&Aのような大型案件の話も出てきている不動産業界だが、不動産賃貸管理業については、いわゆる〝町の不動産屋さん〟が大手企業と一緒になるケースが目立っている。日本M&Aセンターの成約実績でいうと、年商1億円の不動産仲介・管理会社が上場大手企業に売却する事例や、地方で債務超過の小規模管理会社が、全国展開する大手企業の傘下に入る事例等も見受けられる。その背景には、本業界の上位寡占率が低いことが挙げられる（図表3-15）。

最大手の大東建託は頭ひとつ抜けているものの、管理戸数ベースでは、シェアの約8%にとどまるため、覇権争いの余地は残る。また、管理業務は安定収入を取れる点で魅力的であることや、顧客ニーズへの対応からIoT等の設備投資が求められてくることは、再編の圧力になる。これらの理由から、業界再編は着実に進んでいくと思われる。

建設関連業界担当　西田賢史・山田紘己・一色翔太

図表3-15　2016年大手10社の管理戸数シェア

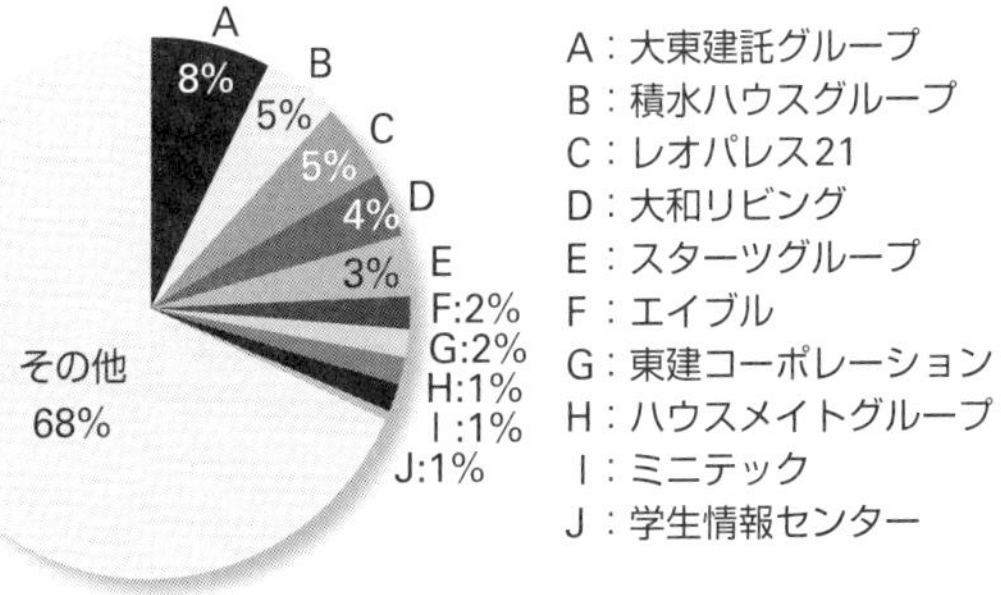

出所：全国賃貸住宅新聞『2016管理戸数ランキング903社』

医療業界

立地重視のM&Aで規模拡大

〝神の手〟に頼らない経営で患者に選ばれる病院へ

古城資久氏

（医療法人伯鳳会 理事長）

（左）古城資久氏、（右）日本M&Aセンター執行役員 医療介護支援部長 谷口慎太郎

医療法人も「情報開示」はしたほうがいい

父が亡くなり病院を引き継いだ当時、私は経営のことなんて全然分かっていませんでした。今では笑い話ですが、たとえばフリーキャッシュフローが3億5000万足らなかったら、3億5000万売上を上げればいいのかと思っていたくらいです。でも病院は赤字なので、分からないなんて言っていられない。とにかく人に聞いたり本を読んだり、必死で経営のことを勉強したものです。その頃、約20年前は、医療従事者の経営感度は非常に低かったと思います。私は医療の専門家ではありますが、病院経営の素人ということをその時に初めて理解しました。

経営を立て直すため、「情報開示」を徹底しました。医療法人で情報開示をしているところは珍しいのですが、やって良かったと思います。利益が出なかったのは、経費の使い方や人の配置に問題があったからで、そこを解決しなければなりませんでした。だから損益計算書や貸借対照表を全部公開すると宣言したのです。反対もありましたが、数字を公開すれば、経営責任が明確になります。

加えて、共に働く職員の納得度を高めることができます。その際、忘れてはいけないのは、職員の働く動機と経営者の働く動機は違うという

医療法人伯鳳会

初代理事長 古城猛彦氏が1962年、古城外科 開設。医療法人伯鳳会として拡大。
現在は「平等医療、平等介護」を基本理念とし、兵庫県赤穂市、姫路市、明石市、神河町、尼崎市、大阪市、東京都と7地区にわたってグループを展開。
2017年より、大阪初の陽子線治療施設「大阪陽子線クリニック」を開設。

古城資久氏
医療法人伯鳳会 理事長

日大医学部卒業後、岡山大学第2外科に入局。93年赤穂中央病院勤務、2001年より伯鳳会理事長。

意識を持つこと。病院の経営状態が良くなったら、職員にも良いことがある仕組みにしなくてはなりません。われわれは、賞与を業績連動型にしており、売上や利益が上がるほど、賞与総額が大きくなります。それも少ない人数で達成するほうが、一人当たりの賞与が多くなります。職員と病院の幸せを一致させることが大事なのです。

医療サービスは、根本的には「労働集約産業」です。多くの職員の力があって初めて提供できるものです。経営者が職員に対して、「どうせ何を言っても分からない」などとバカにしていては、本当に良い経営はできません。患者さんとも対等です。決して、一方的に与えているのではなく、関わる全ての人、たとえどんな立場の人であっても、常に尊重し、対等に真摯に向き合う——それを忘れない限り、大きな失敗はしないと考えています。

規模を大きくすることは、経営の安定につながる

地方に行くと、特定の地域に1軒しかない病院があります。地域住民はみなその病院を頼っており、完全な寡占状態といってもいいでしょう。住民が増えれば、病院の売上も増えると考えられるかもしれませんが、逆に住民が減ってしまったらその病院は存在し続けられなくなります。これからは日本全体の人口が減少していきます。そんな中、病院が自然消滅するのをただ待つだけでは、社会的な責任を果たしているとはいえないように思います。

伯鳳会のルーツである赤穂市は、人口が5万人とちょっとで、高齢化率は全国平均よりも

少し高めです。われわれが赤穂市でいくら頑張ったとしても、将来的に規模が大きくなる見込みがほとんどありませんでした。それでは、次世代に残せるものはなく、職員も将来に希望が持てない。そこで、今後は医療需要や介護需要が高まるところに進出したいと考え、M&Aを病院経営戦略の中核に据えたのです。

病院のM&Aで大事なことは、一に「立地」、二に「建物」、三に「人」です。現実には医療全体に占める特別な医療はわずかで、ほとんどが日常的な医療です。患者さんが日々必要とする医療をいかに過不足なく提供するか。そのためには、大勢の患者さんが来てくれる立地が最優先事項で、次に地域に合った快適な病院を作ること。そうすれば、患者さんもそうですが、優秀な職員が集まりやすくなります。結果的に、多くの患者さんに医療を提供することにつながります。また、これは立地とも絡む要因ですが、この病院がそこにないと困る人がいるかどうかも、買収するか見極めるうえで重要視しています。

M&Aの成果は着実に現れています。売上で見ると、赤穂市と東京、京阪神で3分の1ずつというように、地域的な偏りが無くなってきました。仮に将来、赤穂市の売上がゼロになったとしても、事業全体で見れば3割減るだけですから、伯鳳会グループで医療を提供し続けることができるのではないかと考えています。

10年後の医療業界

10年先を考えた時、大きく変わるのは、患者さんと病院との関係だと思います。

昭和50年代半ばくらいまでは、地域の病院が一所懸命に患者さんを診る、という時代でした。それが昭和50年代半ば以降になると、紹介の時代になります。患者さんの病気が医師の専門外だった場合は紹介状を書いて、他の専門医に治療などを任せていました。医者と患者さんには情報格差があり、患者さんは病院や医療機関を自らで選択していない時代です。

しかしこの数年来、インターネットの発達もあり、患者さんが自分なりに病状を調べ、この病院はどのような治療を行っているのかも把握したうえで、「先生、○○病院の○○先生にかかりたいので紹介して下さい」と言ってくることがとても増えました。自分で治療法を決めているような方もいらっしゃいます。病院の診断や治療の最終的な判断、選択などを患者さん自身が決める時代になってきたんです。

それが正しいのかどうかはともかく、私としてはそういうニーズにも合わせていく必要があると考え、「患者さんから選ばれる病院」を目指して、8月から大阪で陽子線の治療センターをスタートさせました。陽子線治療は今、ガンの治療に最も有効と見られているのですが、何しろ設備を整えるのに60億円もの資金が必要なので、経営が安定している病院でなければ、その機械を入れることができません。

だからこそ、私はこれがチャンスだと思ったのです。「他の先生を紹介して下さい」という患者さんたちは、他の病院で治療を受けます。一方で陽子線の治療センターがあれば、大勢のガン患者さんが、うちにも来てくれます。統計的には、日本人の2人に1人がガンに罹り、3人に1人はガンで亡くなる時代です。つまり、潜在的なものも含めてガン患者は非常に多いということです。さらに言えば、ガンは患者さん自身で治療法や施設をチョイスする傾向が強い疾患ですから、伯鳳会が陽子線治療のための設備を持っていることが知られれば、他の病院の患者さんがその病院に紹介状を書いてもらうよう自分でお願いして、うちの病院に来てくれるのではないかという期待があります。

陽子線治療は設備投資に莫大なお金が必要になるため、おのずと参入障壁が高くなります。安定した財務基盤を持っている病院だけが、この流れに乗ることができるわけです。だからこそ、M&Aなどで経営規模を拡大し、安定した経営を維持することは大切なことだと考えています。これからは海外からもメディカルツーリズムで患者さんがやってくる時代、つまり、「患者さんが大きく動く時代」になり、チャンスも増えることになります。

最後に、もし病院を引き継ぐなら、できるだけ若いうちに経営者になるといいと思います。私の周りでも、40歳を前に経営を引き継いだ病院はうまくいっている気がします。若くないと、無茶できないですからね。経営には「バカ力」も必要です。

医療業界動向

医療財政の膨張が病医院経営を圧迫している

２０１７年現在、日本の人口動態における最大集団「団塊の世代」（１９４７年〜１９４９年生まれ）の全員が、65歳以上の高齢者である。後期高齢者（75歳以上の高齢者）の１人当たり年間医療費は約90万円で、国民平均の約３倍にものぼる。また、介護保険については「要介護認定率」が75歳頃から上がり始めるため、結果として国の医療費や介護費は今後も急増していくと考えられている。

この先の10年間で、15歳〜64歳の生産年齢人口が７００万人減少し、７０００万人まで落ち込む一方で、65歳以上の人口は３５００万人を突破する見通しだ。「国民皆保険制度の維持」という課題は、大きな難所を迎えるだろう。厚生労働省の推計によると、２０２５年の医療費は現在の41・５兆円から54兆円にまで増加すると試算されている。

こういった中、国は医療費・介護費を含めた社会保障費を削減する方向に舵を切らざるを得ない状況にあり、診療報酬のマイナス改定や病床数の削減圧力、持分なし医療法人の制限といった施策が講じられた。それは、多くの病医院経営者にとって非常に頭の痛い問題としてのしかかっている。

さらに、一般企業における後継者問題が、医療法人においてはより深刻化している。医療法人の代表者である「理事長」は原則医師とされ、病医院施設の責任者である「院長」は「常勤の医師」でなければならないと医療法で定められているからだ。経営者に子供がいなかったり、子供が医師にならなかった場合など、経営の根幹をゆるがす問題に発展するケースが少なくない。

実際に、今から10年ほど前と比べると病院施設数、有床診療所施設数が大幅に減少している。今後もこの流れは続くばかりか、さまざまな要因から病医院の再編による淘汰が加速すると予想される。そのカギとなる重要な手段の一つとして、病医院のM&Aが注目を浴びている。

なぜ子供たちは「継がない」ようになったのか

病医院の後継者問題が起きる要因には、経営者に「(医師の)子供がいない」ケースに加えて、「子供が医師で

図表3-16　病院・有床診療所の施設数推移

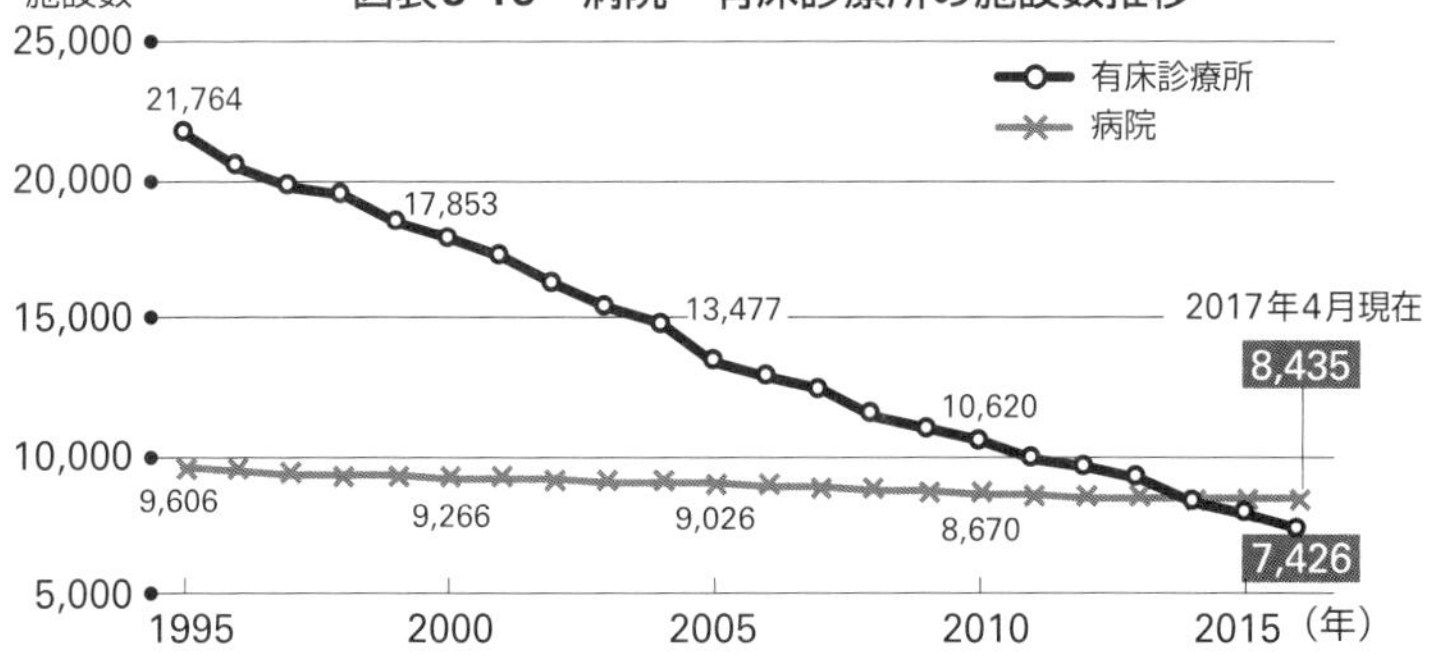

出所：厚生労働省「医療施設動態調査」

も継がない」という状況も含まれる。日本M&Aセンター仲介案件では「子供がいる、かつ子供が医師だが病医院を承継しない」という割合は、全体の50％にも及んでいる。実態はこれ以上の割合であると予想される。

では、医師であるにもかかわらず子供が病医院を継がないケースがこんなにも多いのはなぜなのか。具体的な事例をいくつか紹介しておこう。

① 専門領域の違い

たとえば、父親が地方で精神病院を経営し、その子供は都内の高度急性期病院の心臓外科医

図表3-17　病医院業界は国内有数のM&A活発業種

成約年	所在地 譲渡法人	病床規模	売上高	理事長 年齢	子供	理由
2016年	中国	産婦人科クリニック	5億円以下	80代	医師	後継者不在
	関西	精神300床以下	30億円以下	50代	—	選択と集中
	北関東	無床クリニック	5億円以下	60代	非医師	後継者不在
	関東	透析クリニック	5億円以下	60代	医学部	後継者不在
	四国	一般100床以下	10億円以下	70代	非医師	後継者不在
	四国	療養100床以下	10億円以下	70代	医師	後継者不在
	中国	透析クリニック	10億円以下	70代	非医師	後継者不在
	関西	無床クリニック	5億円以下	70代	非医師	後継者不在
	北関東	一般100床以下 老健100名以下	10億円以下	70代	医師	後継者不在
	関東	一般100床以下	10億円以下	40代	医師	戦略提携
	関西	一般100床以下 老健100名以下	30億円以下	60代	なし	後継者不在
	北関東	一般100床以下	5億円以下	30代	医師	戦略提携
2015年	関東	一般100床以下	100億円以下	40代	—	医療再生
	関東	一般100床以下	30億円以下	70代	なし	医療再生
	北海道	精神300床以下	10億円以下	70代	非医師	後継者不在
	関西	療養300床以下	100億円以下	70代	非医師 事務局長	後継者不在
	関東	一般100床以下	30億円以下	70代	医師	後継者不在
	東海	一般100床以下 老健100名以下	30億円以下	50代	医学部	戦略提携

出所：日本M&Aセンター実績をもとに作成

である場合など、親子で専門領域が異なると、親の病院承継に興味を示さない子供は多い。また、自分の専門領域の研究に専念したり、自分のクリニックを開業してしまうケースも目立つ。

②労務管理問題

2004年に「新医師臨床研修制度」が発足して以降、大学医局でさえ医師の確保が難しい状況が続いている。医師や看護師に加えて、OT（作業療法士）やPT（理学療法士）といったリハビリ系の人材の確保も非常に難航している。病医院経営者になれば、こういった医師としての業務以外にも頭を悩ますことになるので、承継を断るケースも多い。

③建物の老朽化・借入金への保証

現在の病院施設の多くは第一次医療法改正（1985年）直前に駆け込みで建築され、築年数で30年～40年を迎えており、建替えに多額の借入金を必要とすることが経営上の課題となって承継に二の足を踏んでしまうケースもある。

④ライフスタイルや価値観の変化

実は、この「ライフスタイル」というのが一番悩ましい理由なのかもしれない。夫婦共働きが当たり前の時代において、親の時代のように休みなく働くことは現実的でない。子供世代の「家族を大事にして仕事はほどほどに」といった価値観は、病院経営者になるうえでの心理的なハードルの一つとなっている。

大手病院グループの首都圏進出により競争は激化

　ここ数年、地方発の大手病院グループの首都圏への進出が活性化している。その背景に、地方の将来的な人口動態への危惧がある。グループを長きにわたって安定的にバランスよく経営していくためには、人口が増加する首都圏や大都市圏へ進出することは必須となっている。

　たとえば、山口県発祥のカマチグループは2015年に東京原宿のキリンビール旧本社を改修し、国内最大級（303床）のリハビリテーション病院を開設してい

図表3-18　病院グループの事業収益ランキング（2015年度）

順位	グループ名	事業収益（百万円）	順位	グループ名	事業収益（百万円）
1	徳洲会グループ	385,986	21	ホロニクスグループ	30,614
2	全日本民主医療機関連合会	170,775	22	武田病院グループ	30,510
3	IMSグループ	170,463	23	洛和会ヘルスケアシステム	29,420
4	上尾中央医科グループ	140,022	24	ジャパンメディカルアライアンスグループ	27,162
5	セコムグループ	135,072	25	苑田病院グループ	24,212
6	戸田中央医科グループ	97,289	26	協和会グループ	23,861
7	葵会グループ	52,639	27	常仁会グループ	23,833
8	ふれあいグループ	47,773	28	医療介護グループひかり会	23,481
9	亀田グループ	44,788	29	浅ノ川病院グループ	22,115
10	ユカリアグループ	41,215	30	医療法人和同会グループ	21,919
11	愛仁会グループ	40,933	31	メディカルシステムグループ	21,915
12	カマチグループ	39,733	32	杏嶺会グループ	21,606
13	生長会グループ	37,552	33	藍野グループ	21,505
14	錦秀会グループ	37,377	34	偕行会グループ	21,113
15	大坪グループ	36,159	35	医療法人藤井会	20,851
16	国際医療福祉大学・高邦会グループ	34,828	36	医療法人財団白十字会グループ	20,424
17	南東北病院グループ	33,956	37	伯鳳会グループ	20,065
18	北九州病院グループ	32,575	38	近森会グループ	19,582
19	豊田会グループ	31,783	39	医療法人財団河北総合病院	19,433
20	平成医療福祉グループ	31,177	40	立川メディカルセンターグループ	18,906

※当該データの定義は原典に準ずる
出所：矢野経済研究所『病院グループの将来展望　2017年版』

る。兵庫県発祥の伯鳳会グループは、2012年に破綻した医療法人より墨田区の白髭橋病院を承継して見事に再生させ、2017年に東京曳舟病院として新たにスタートさせた。このような動きは各地で見られており、競争は激化していくものと考えられる。

今後10年間で病医院は大再編時代へと突入する

2018年の診療報酬改定、地域医療構想、病院経営者の高齢化、建物の老朽化など要因はさまざまだが、今後10年間で病院業界は大きく再編が進んでいくと考えられている。すでに、豊富な資金をバックに次の展開に向けて十分な準備を整えている病院も少なくない。逆に、次の手を打てずにいる病院は早晩行き詰まり、破綻型のM&Aの対象となる可能性が高い。また、経営者が高齢にもかかわらず、依然として後継者を定められない病院は数多くあり、後継者不在型のM&Aも同様に活性化するだろう。

企業系の病院グループも増えており、今後ますます再編と淘汰は加速していくだろう。特に、200床以下の病院群は競争環境や自院の資源（ヒト・モノ・カネ）を客観的に分析し、病床機能も含めた将来の方

図表3-19　病院の規模別分布

病床数	施設数
900床以上	57
800床～899床	32
700床～799床	52
600床～699床	109
500床～599床	200
400床～499床	373
300床～399床	710
200床～299床	1,123
150床～199床	1,322
100床～149床	1,428
50床～99床	2,168
20床～49床	966
合計	8,540

出所：厚生労働省「医療施設動態調査」

向性を早期に決める必要にいよいよ迫られていく。

政府の施策により、「経営力格差」は広がってゆく

政府が進める地域医療構想の2025年モデルは図表3-20の通りだ。政府は、今後さまざまなインセンティブ、もしくは「逆インセンティブ」を駆使して病床再編を進める見通しだ。また、2018年の診療報酬改定では、介護療養病床の廃止に伴う「介護医療院」への転換が注目されている。加えて、多くの医療機関が地域の医療ニーズに対応するため病床機能の転換を検討している状況にある。

図表3-20　2025年の医療機能別必要病床数の推計結果（全国ベースの積上げ）

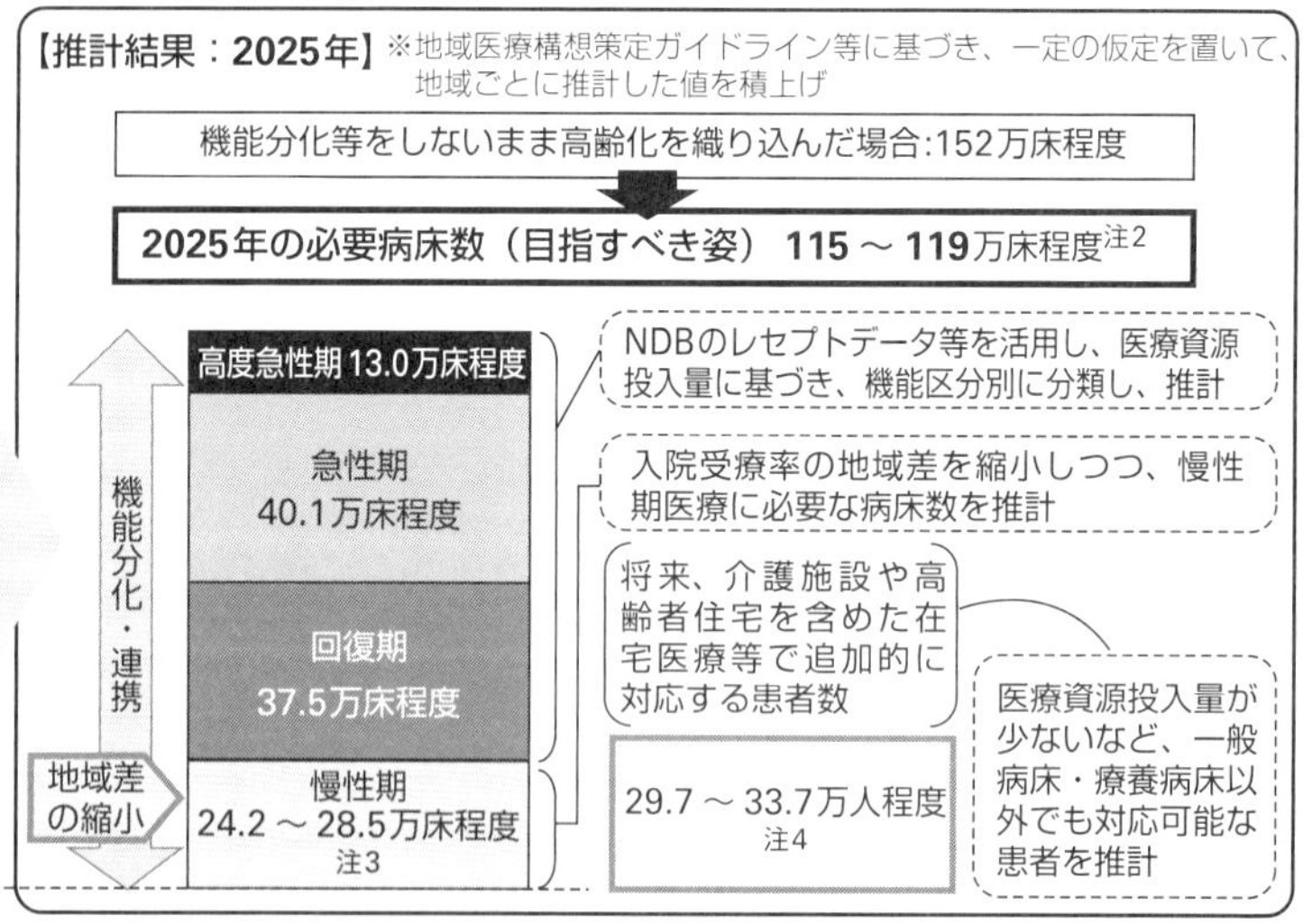
【推計結果：2025年】※地域医療構想策定ガイドライン等に基づき、一定の仮定を置いて、地域ごとに推計した値を積上げ
機能分化等をしないまま高齢化を織り込んだ場合:152万床程度
2025年の必要病床数（目指すべき姿）115～119万床程度注2
高度急性期 13.0万床程度
急性期 40.1万床程度
回復期 37.5万床程度
慢性期 24.2～28.5万床程度 注3
機能分化・連携
地域差の縮小
NDBのレセプトデータ等を活用し、医療資源投入量に基づき、機能区分別に分類し、推計
入院受療率の地域差を縮小しつつ、慢性期医療に必要な病床数を推計
将来、介護施設や高齢者住宅を含めた在宅医療等で追加的に対応する患者数
29.7～33.7万人程度 注4
医療資源投入量が少ないなど、一般病床・療養病床以外でも対応可能な患者を推計

注2：パターンA：115万床程度、パターンB：118万床程度、パターンC：119万床程度
注3：パターンA：24.2万床程度、パターンB：27.5万床程度、パターンC：28.5万床程度
注4：パターンA：33.7万人程度、パターンB：30.6万人程度、パターンC：29.7万人程度

しかしながら、政府が進める「回復期」への転換は病医院にとってハードルが高い。たとえば、これまで「急性期」を中心としていた病院では、従来とは異なる属性の患者を集患することになり、従業員にとって経験のないリハビリに関する知識が必要とされる。退院調整からベッドコントロールにいたるまで、変化への対応が不可欠だ。また、多額の設備投資を伴うケースも少なくなく、「経営力格差」が生じるケースが出てきている。今後この格差がますます広がるなか、病院経営者は地域における自院の立ち位置をしっかりと見極め、「患者の立場となって」経営を考えていかなければならない。その実現が独力では難しい場合、第三者と手を組む決断を下すことも、経営者の責任の一つなのだ。

注1：未報告・未集計病床数などがあり、現状の病床数（134.7万床）とは一致しない。なお、今回の病床機能報告は、各医療機関が定性的な基準を参考に医療機能を選択したものであり、今回の推計における機能区分の考え方によるものではない。

出所：厚生労働省「地域医療構想・医療計画について」

医療業界担当　相澤賢宏・井上元氣

介護業界

超高齢社会を迎える「先進国」として
世の中に役立つサービス
だからこそ
M&Aによって
広げていく

小早川 仁氏
（株式会社学研ココファンホールディングス 代表取締役社長）

「学研のおばちゃん」から始まった高齢者福祉事業

今はなくなりましたが、以前、「学研のおばちゃん」という婦人組織がありました。一軒一軒、個人宅を訪問し、学研の『科学』や『学習』を地域に普及させる人たちです。

高齢者福祉事業を立ち上げる以前、私はこの組織のマネジメントを任されていたのですが、少子化が進むなか販売部数が大きく落ちこんでいる状況でした。そこで、婦人組織の訪問データを調べてみると、子供のいる家庭の面談率がどんどん低下しており、保護者になかなか会えないという悩みがある一方、高齢者は在宅しており会えるということが分かりました。販売効率を上げるため、高齢者に会えても早々に切り上げて次の家を訪問するように指示していたのですが、一度、徹底的に高齢者の話を聞いてみることにしました。すると、高齢者のさまざまな悩みが聞こえてきたのです。

「息子夫婦は遠くに転勤になったので、私たち老夫婦は介護が必要になった時、どうなるのだろう」「近くに老人ホームはあるのだけれども、私たちの年金では絶対に入れない」。そんな声がたくさん集まってきました。

結局、学研はその後、『科学』と『学習』を休刊することになりましたが、その時の仲間と社内ベンチャーを立ち上げようと、当時の学習研究社の社長に

株式会社学研ココファンホールディングス

- 医療福祉seg売上高：214億円
  （2017年9月期）
- 従業員数：約4500名
  （学研ココファングループ全体／2017年10月）

＊ 学研ホールディングス1984年東証一部上場
サービス付き高齢者向け住宅の企画・開発・運営を行う。全国117拠点（2017年10月時点）

小早川 仁氏
株式会社学研ココファンホールディングス
代表取締役社長

1990年学習研究社入社。2004年、社内ベンチャーで学研ココファンを設立。08年7月学研ココファンホールディングス代表取締役社長に就任、現在に至る。

提案したのが2002年のことです。そして、実際に会社を立ち上げたのが2004年でした。

住宅系の介護ビジネスを立ち上げるには、かなりのお金がかかります。その資金繰りを巡って、会社側との話し合いがなかなか進まなかったのですが、そんな時にある女性が会社を訪ねてきて、私にこう言いました。

「あなたが学研で新しく、高齢者向けの事業を開発しようとしている方ですね。どのような事業を考えているのですか」

その時、取り組んでいた事業について包み隠さず話しました。

「地域の人たちが年金の範囲内で安心して暮らし続けられる仕組みが、今の日本にはありません。しかし、検討している新しいビジネスモデルでは、それが実現できそうです。これまで学研は教育を通じて社会に貢献してきましたが、この新しいビジネスによって介護でも社会貢献ができるようになると思います」

そう申し上げると、その女性は「創業者の娘です」と言って、創業者の生前の言葉を話してくださいました。それは、「学研は教育を通じて社会貢献し、成長してきた企業だ。そしてこれから日本は少子高齢社会を迎える。そんな少子高齢社会の中で社会に貢献できる事業を考えなければならない。学研の中で、そういう事業を考えている人が現れたら、私が残した私財を提供すること」というものでした。

そこで私は思いきって、「それなら、創業者が住んでいた邸宅をお譲りいただけませんか」

と申し上げたところ、創業者のお嬢さんご本人が住んでいたのに、快く譲ってくれました。学研ココファングループの施設は今、子育て支援施設も合わせて全国150か所にあるのですが、その第一号拠点は、まさにこの創業者が住んでいた土地なのです。これによって、学研ココファンの事業は無事に立ち上がりました。

M&Aをするなら「運命共同体」

介護事業者は日本全国にあるのですが、地方に拠点を置く介護事業者の場合、その多くが少数の施設しか持たない零細事業者です。しかも今後は社会保障費の財源不足から介護報酬はかなり厳しくなるので、間違いなく再編が進むでしょう。M&Aは必至だと思います。

しかし、ただやみくもにM&Aやヘッドハンティングをすることには賛成できません。大事なのは、自分たちと志を同じくしている人たちと組めるかどうかだと思います。これからもう一段、組織を成長させていくためには、志を共にする大型のM&Aも視野に入れていく必要があるでしょう。

M&Aというと、組織を拡大し、売上や利益を増やすことで業界トップを目指すというイメージ

はありますが、それよりも「M&Aによって業界を再編することが、本当に世の中のためになるかどうか」ということが大事です。

そして、「世の中のためになるか」は常に社員にも問いかけます。マニュアル通りに行うのではなく、一人ひとりの顔を思い浮かべながら、入居者やそのご家族のお役に立てているかどうかを常に考えてサービスを提供させていただくことが、何よりも大事です。そして、「どこよりもいいことをやっているのだから、よりいっそう世の中に広げたほうがいいよね」と、関わる皆と思いを共にします。

介護ビジネスにとって最も大事な資産は、人です。事業承継した物件はリース契約が大半で、固定資産をほとんど持っていません。だから、M&Aで大事なのは「私どもと想いを同じくしてくれるかどうか」はもちろんですが、何よりもM&Aで当グループ入りされた側の人たちが、新しい会社でやりがいを見出し、頑張ってみようという気持ちになれるかどうかだと思います。

10年後を見据えた介護先進国としてのビジョン

今般、介護業界において、海外人材の技能実習制度が解禁されたことから、日本の介護労働力が補われると期待している人もいますが、学研としては、そのようなことは考えていません。というのも、外国人労働者を受け入れ、日本の介護の現場で働けるようにするには、現状ではまだまだ多大なコストがかかるからです。

入国手続き、住まいの確保やコーチ人員の配置といった受け入れ態勢の整備や語学のことなど、日本人・日本での採用以上に多大なコストがかかります。単に人材不足を補うためという目的では、外国人技能実習制度の受け入れはコストに見合わないものと考えています。

私どもも技能実習制度の受け入れを積極的に考えていますが、それは日本の介護を学び、学研グループのマインドを身につけてもらい、現地に戻って学研の介護サービスを提供してもらうのが狙いです。そして、海外にサービスを輸出する際のキーパーソンになってもらうことを目的としています。

介護は今後数十年、世の中になくてはならない業界です。しかも日本の介護サービスは、世界で最も進んでいます。だからこそ、海外にこのサービスを輸出できるのです。介護先進国として、このビジネスには無限の可能性があると思っています。

一方で、介護事業というのは国の方向性に左右されやすい面があり、成長戦略の位置づけが容易ではありません。世の中を変えていく意志を持ち、新しい付加価値を提供し、結果的に社会保障費が効率的に使われて世の中全体がよくなる――そんなことを考えて発信していくことで、制度が後からついてきたり、会社が大きくなっていくのではないでしょうか。

介護業界動向

拡大する介護市場と進む淘汰

日本が世界でも類を見ない超高齢社会に突入し、生産年齢人口が年々減少していることについては周知の通りだ。国の介護保険負担額は、周辺領域まで入れると、2025年には25兆~30兆円に達すると言われている。財源の確保や介護保険制度の維持が可能かという議論はさておき、「市場規模」として考えた場合、「介護サービス市場」は現在の9・5兆円から倍以上に増大する巨大な成長市場であるとも考えられる。

一方で「企業経営」の観点から見てみると、介護業界は近年、倒産件数が大幅に増加しており、厳しい経営

図表3-21　介護給付費用総額

平成	介護給付費用総額
13年度	4.3兆円
14年度	5.2兆円
15年度	5.7兆円
16年度	6.2兆円
17年度	6.3兆円
18年度	6.2兆円
19年度	6.5兆円
20年度	6.7兆円
21年度	7.2兆円
22年度	7.6兆円
23年度	8.0兆円
24年度	8.5兆円
25年度	8.9兆円
26年度	9.3兆円
27年度	9.5兆円
⋮	⋮
37年度	25兆円～30兆円

出所：厚生労働省「介護給付費等実態調査の概況」より作成

環境に置かれていると言わざるを得ない。2016年度の東京商工リサーチの統計では、倒産したうちの約5割が開業5年未満、事業規模別にはそのうち約7割がデイサービスなどの小規模事業者となっている。実際に、訪問介護事業者や通所介護事業者の半分近くが赤字だ。

この流れを受け、介護業界におけるM&Aの件数は2013年が36件、2014年が48件と増加傾向にあり、未上場企業同士で実施された「公表されていないM&A」や、清算にともない従業員や顧客だけを承継するような「零細事業者の実質的なM&A」を含めれば、いまや年間100件は超えると推測される。こうした状況は今後ますます加速していくだろう。

図表3-22　老人福祉・介護事業の倒産年次推移

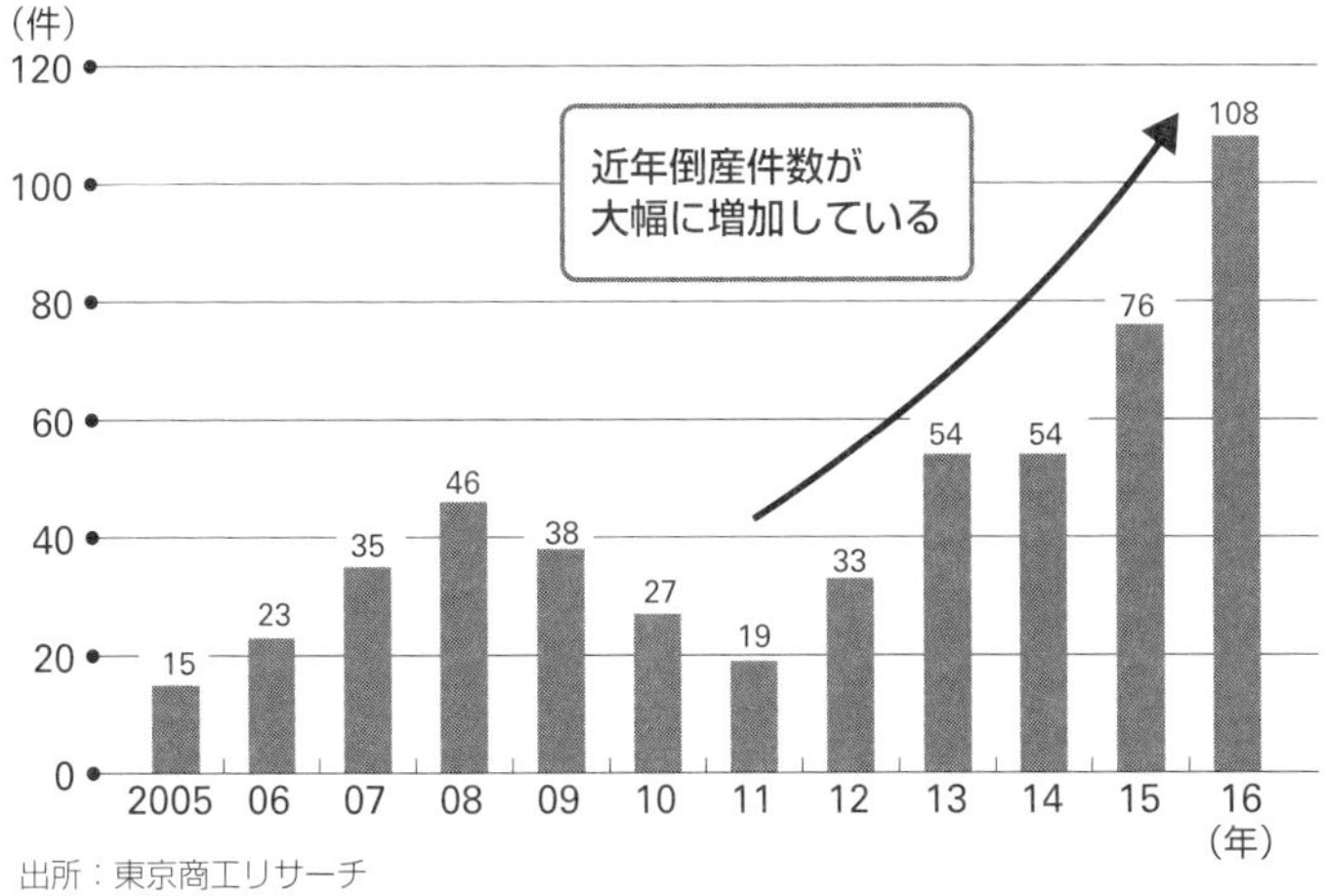

出所：東京商工リサーチ

市場が拡大するにつれて、人材不足は深刻化する

介護業界で淘汰が加速している最大の要因は、「職員確保」の問題にある。厚生労働省の推計によると、2025年度には介護職員が約38万人も不足する。つまり、「介護サービス市場」は拡大を続けるものの、「担い手」が足りない状況に陥る可能性が高い。

弊社にも現時点で「グループホーム2ユニットのうち1ユニットは職員不足のために開設できていない」などの相談が寄せられており、同様の実例は枚挙にいとまがない。人材会社に紹介や派遣を頼ることで人手不足を解消できていても、コストが膨らんで赤字体質から脱却できないケースも多く見られる。介護事業者が生き残るには、人事・採用戦略を本格的に考えていくことが不可欠な時代となった。

図表3-23　不足する介護従事者

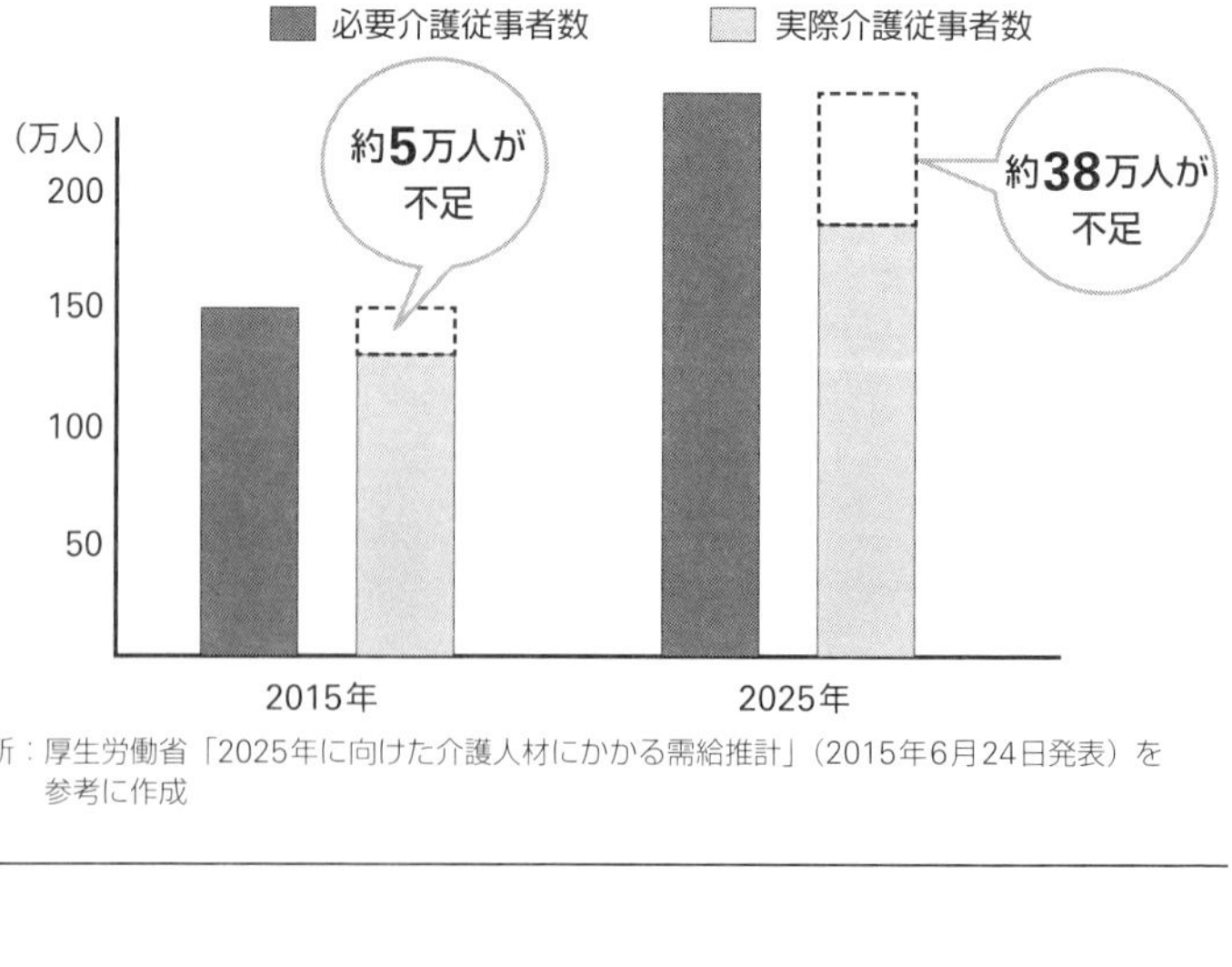

出所：厚生労働省「2025年に向けた介護人材にかかる需給推計」（2015年6月24日発表）を参考に作成

介護事業者がM&Aを決断する背景

売上1億円～5億円規模の介護事業者は、大手の同業企業に比べて人材確保がいっそう困難な状況にある。退職金の有無や福利厚生、従業員のキャリアパスを含めた教育プランなどの面で、大手より劣ってしまうからだ。現政権は特別養護老人ホームを増やしていく方針を打ち出しているが、実際の現場では、税金が圧倒的に優遇されている社会福祉法人は内部留保が蓄積されやすく、福利厚生面で株式会社よりも優れていることが多い。

一方で、弊社では近年、売上5億～30億円規模の企業からM&Aによる譲渡の相談を突然受けることも増えてきた。地域ナンバーワン企業として、オーナーは介護保険施行後10年以上にわたって規模を拡大し、業績を伸長させてきたものの、人材確保の問題に加えて介護報酬の相次ぐマイナス改定などの問題に悩んでいる。「この先、単独で今後の10年を生き残っていけるのだろうか?」という将来に対する不安が大きいようだ。

このような問題に対抗する手段としてM&Aの検討に入る経営者が多くなっているが、不安による身売りというよりは、従業員や入居者に対するメリットを熟慮してM&Aに至るケースがほとんどだ。今後、人手不足が深刻化することを考えれば、ICT関連システムの導入などへの投資も必要になる。しかしながら、資金余力のない企業では新規の投資は難しく、規模の大きい企業との提携やグループ化が企業の成長戦略の一環となるはずだ。

大手企業の昨今の印象的な動向

ここ数年における介護事業者のM&Aでインパクトがあったものは、大きく「メガ異業種提携型」と「投資ファンド提携型」の二つに分けられる。

前者の代表例となるのが、2015年のSOMPOグループによるワタミとメッセージの介護の買収だ。2件のM&Aで一躍、業界2位に位置付けられ、いまや組織内再編も一段落ついている。

後者の例には、「イリーゼ」ブランドで介護事業を展開していた長谷川ホールディングスがCVCキャピタル・パートナーズに、高齢者住宅を運営するヴァティーを子会社に持つSCホールディングス（売上135億円）が日本産業推進機構に株式を譲渡したケースが挙げられる。

図表3-24　2017年介護事業者ランキング

順位	事業者名	売上高（億円）
1	ニチイ学館	2,767
2	SOMPOホールディングス	1,108
3	ベネッセスタイルケア	1,030
4	ツクイ	733
5	湖山医療福祉グループ	497
6	ユニマット　リタイアメント・コミュニティ	442
7	セントケア・ホールディング	371
8	ベストライフ	295
9	川島コーポレーション	294
10	メディカル・ケア・サービス	256
	合計	7,793

出所：2017年高齢者住宅新聞ランキング、SPEEDA、TSRより日本M&Aセンター作成

介護事業者は今後、「再編と淘汰の2極化」の時代へ

今後の介護事業者のM&Aは2極化していくと考えられる。

売上1億円未満の小規模事業者はよほどの工夫をしない限り、単独での生き残りは難しく、自然淘汰されていく可能性が高い。早期に地域内の同業者との合従連衡や合併などの組織再編、地域医療機関との連携や提携を強化しなければならない。

一方で、地域ナンバーワンクラスは、大手事業者から見ても魅力的で、再編の中核対象だ。思い切って早いうちに売却し、大手グループとなって成長戦略を描く決断をする経営者が増加するだろう。

また、今後は医療・介護の枠を超えてのM&Aも増えることが予想される。

介護業界担当　森山智樹・今市遼佑

図表3-25　介護業界は大きく2極化

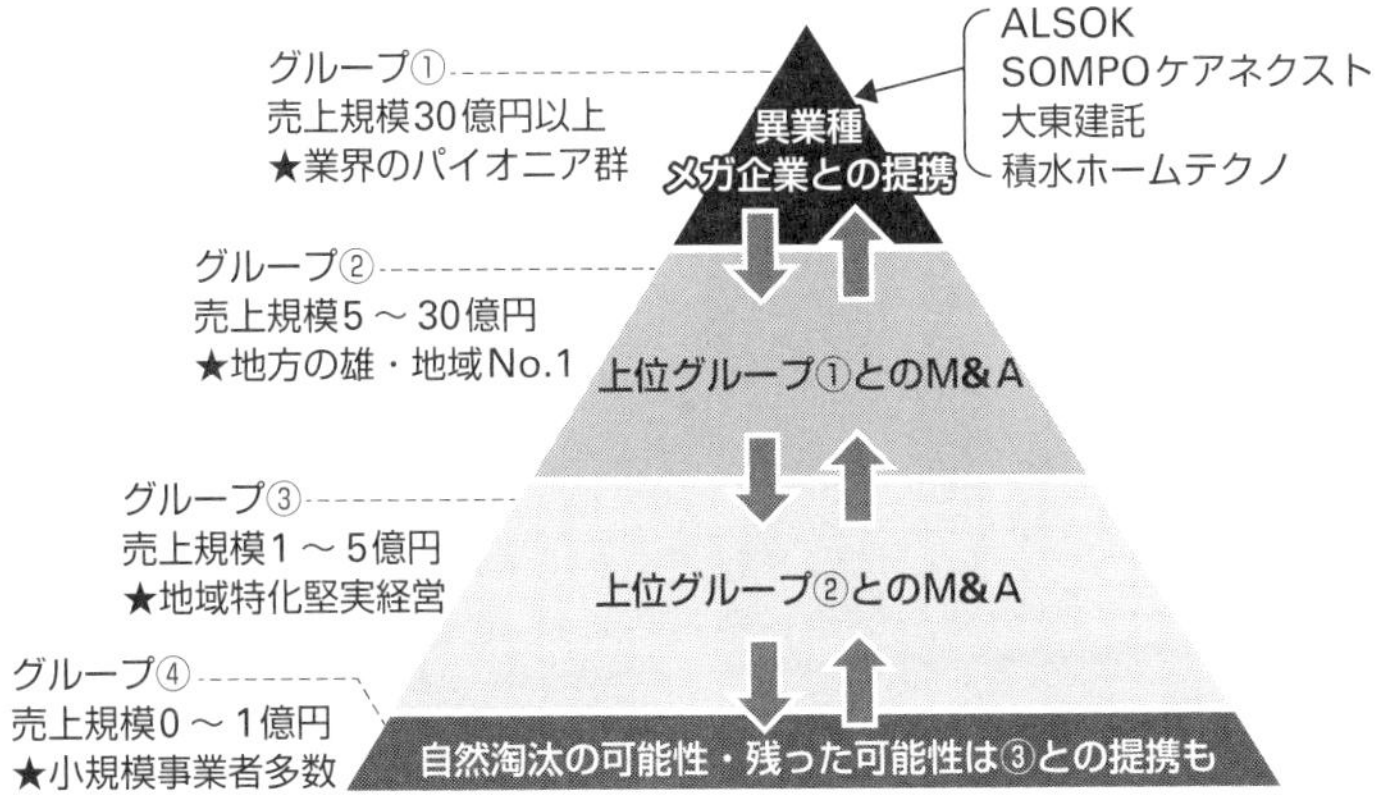

出所：日本M&Aセンター作成

調剤薬局業界

地域包括ケアシステム実現に向けて地域に密着した薬局のM&Aで成長し続ける組織に

田尻稲雄氏
（株式会社メディカルシステムネットワーク 代表取締役社長）

秋野治郎氏
（株式会社メディカルシステムネットワーク 取締役副社長）

社員に将来を見せる組織経営 ——代表取締役社長 田尻稲雄

日本では1990年代から医薬分業が進められてきました。それ以前、医師が薬を出していた時代に、病院が薬で利益を得る薬漬け医療と、それに伴う薬害が蔓延したことへの反省として、病院から薬を引き離し、医師と薬剤師の仕事をきちんと分けたという経緯があります。近年、患者さんの利便性という観点から、院内処方に戻す動きもありますが、こうした歴史的経緯をよく考える必要があります。もちろん、国民の皆様に薬局の社会的意義をきちんと理解して頂けるよう、われわれ薬局が一層努力する必要があることは言うまでもありません。

今の若い医師たちは、薬のことは薬剤師に任せる傾向がありま す。医薬分業が進められて20年以上が経過し、専門分野については、専門家に見てもらうのが一番良いことを、医師も分かってきたのです。何しろ、年に2回新薬が出ますから、医師が自分の仕事をしながら、新薬の知識を身につけるのは大変ですし、薬剤師は薬剤師で、新薬の知識を身につけるために大変な勉強をしています。

株式会社メディカルシステムネットワーク

● 売上高：888.65億円（2017年3月期）　● 従業員数：2797名（2017年／連結）
● 東証一部上場
医薬品ネットワーク事業、調剤薬局事業など、地域に根ざした医療サービスを提供。

田尻稲雄氏
株式会社メディカルシステムネットワーク
代表取締役社長

1999年に株式会社メディカルシステムネットワークを設立。同年、代表取締役社長に就任。

秋野治郎氏
株式会社メディカルシステムネットワーク
取締役副社長

1999年に株式会社メディカルシステムネットワークを田尻氏と共に設立。代表取締役専務に就任。2015年より代表取締役副社長。

こうして薬剤師に高い専門性が求められることに加えて医療費の抑制や「かかりつけ薬局」の推進が求められており、1、2店舗しか持たない、規模の小さな薬局では、経営自体が成り立たなくなるところが増えるでしょう。薬局業界は今後、ある程度の組織力を持たなければ、世の中で求められていることに応えられない、という事態に直面するはずです。

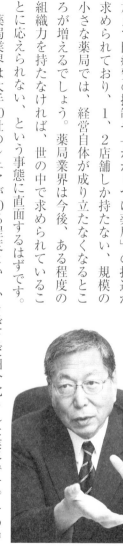

薬局業界は大手10社のシェアが10％程度という、まだまだ細分化された業界です。その中で、規模拡大をなし得た薬局はどういう特徴があったのでしょうか。

大事なのは、内部留保を蓄積していくことです。多くの会社が節税を重視し、余計なところにお金を使いがちです。そうなるとバランスシートの自己資本が薄くなるので、銀行がお金を貸してくれなくなるからです。だから、できるだけ質素な生活をして資金を貯めて5店舗くらいに増やせれば、次は20店舗くらいまで持っていくことができます。

ただ、ここで頭打ちになるところが多いのも事実で、ここから先に行くためには、人事労務政策をきちんと行う必要があります。平たく言えば、スタッフとして働く薬剤師の方々に、将来を見せてあげられるかどうかです。「パパママ薬局」の場合、個人事業主の感覚が染みついているので、組織化してビジネスを拡大することへのイメージが持ちにくいものです。逆に、調剤薬局チェーンとして組織を大きくしてきている人たちの多くは、やはり大手製薬会社などに所属し、組織で働くことが分かっています。

また組織を大きくするためには、自分よりも優秀な人材を登用することです。私は北海道バーバリアンズという社会人ラグビーチームを運営しているのですが、強いチームを作るには自分よりも上手な人を連れてくれば良いということを、経験で学びました。だからM&Aをするにしても、きちんと勉強している薬剤師や、私たちよりも優れたことをやっている人たちと組みたいと考えています。

地域を大事にして地域の人に役立つ薬局をつくる

——取締役副社長　秋野治郎

文化が交じり合うことも、M&Aの効果を高めるうえでは大事です。私どもが企業をグループ化した場合、ひとつのマニュアルで縛るとか、その会社を支配しようなどとは考えません。経営者の方々には、そのまま経営陣に留まっていただいている事例も多くあります。

私どもは「なの花薬局」という薬局事業を展開していますが、M&Aを通じて加わっていただいた薬局の人たちが今、なの花薬局の主力として活躍してくれています。最初からいる人か後から加わってくれた人かは、もちろん評価に関係ありません。異なる文化の集積が、強い組織を作るものと考えています。

また、地元のことは地元の薬局の人たちが一番良く分かっています。地域密着で、地元の歴史を学び、風土を理解して、そこでのライフスタイルにも精通している。そういう人たちと組めれば、地域特有のニーズが把握できますし、その地域にとって必要なサービスも提供できます。

最近は、地域のコミュニティーがどんどん力を失っています。お爺さんの代から続いている小さな薬局が、今の激しい時代の変化に耐えられず、灯し続けてきた火がまさに消えようとしています。消えてしまったら、それで終わりです。そうではなく、私どもと一緒に歩むことによって、お爺さんが薬局を通じて伝えてきたことを、一緒に後世に残していく。そこに、私どもが行っているＭ＆Ａの特徴があるのだと思います。

いかに私どもが地元密着かを示す好例があります。福島県双葉町にあった、なの花薬局双葉店は、東日本大震災による福島第一原子力発電所の事故の影響で緊急閉鎖を余儀なくされました。皆、いわき市に移ったのですが、多くの病院が患者さんのカルテもお薬手帳も何もないという状態の時、「双葉薬局でお世話した患者さんの記録が全部残っています。問い合わせてくれたら、今までの薬物療法について、すぐにお答えできます」という看板を出したのです。これは、患者さんやドクターに、本当に喜ばれました。

今後10年の薬局業界――取締役専務執行役員 田中義寛

これまでの薬局は、ある意味、誰がやってもうまくいった業界だと思うのですが、これからはそうはいかなくなるでしょう。患者さんが薬についてじっくり相談したい薬局を選びたければそういう薬局に行く、とにかく早く出してほしいと思ったらそういう薬局に行く。患者さん主導で薬局を選んでいく時代になっていくと思います。「かかりつけ薬局」とは、マーケティング的に言えば、「薬局が初めて患者さんの選択という競争にさらされる」、という事であり、これまでのように行政が点数で誘導することは少なくなるのではないでしょうか。

加えて、オプジーボのような高額薬剤が出てくるなか、そこにどこまで医療費を使えるのかという問題が出てきます。健康保険組合、協会けんぽ、国民健康保険といった順で、診療や薬の使い方に介入してくることでしょう。それはやむを得ないことだと思いますし、その中でわれわれが何をどうしていくべきか考えなくてはいけません。

このように「支払側」の視点がますます重要になっていくなかで、ビジネスチャンスをどこで確保していくのかが、私ども含めこれからの薬局業界に問われていくでしょう。

調剤薬局業界動向

国の目論見にそぐわない薬局の存続が脅かされている

調剤薬局業界の市場規模は、厚生労働省のデータによると、2015年時点で7兆3846億円にのぼる。薬局店舗数が約5万8000、その開設者数約2万5000(企業・個人)あるうち、約70%は1店舗のみである。調剤グループのトップ10社のシェアは全体のわずか9・3%にとどまり、他の業界と比べると寡占率は低い。現在では医薬分業率(病医院の外来で処方箋を受け取った患者が、院外の薬局で調剤を受けた割合。薬剤の適切な提供を行うことなどを目的とし、分業が推進された)が70%に到達し、店舗数は毎年増加傾向にある。

社会保障費が膨らむ中、調剤薬局業界の市場は拡大しており、ほとんどの企業が黒字の状況だ。国はこの傾向を是正せざるを得ず、地域に本当に必要な「かかりつけ薬局」を残そうと、報酬改定に取り組んでいる。

調剤薬局業界としては、「報酬改定による収益の圧迫」「薬剤師の確保難」などの課題を抱えている。1997年頃から分業が進み、各社積極的な店舗展開を行ってきたが、立地に依存した薬局も少なくない。これに対し、国は「立地から機能へ」の名のもと、様々なルール

図表3-26　分業の普及に伴い薬局数は増加傾向

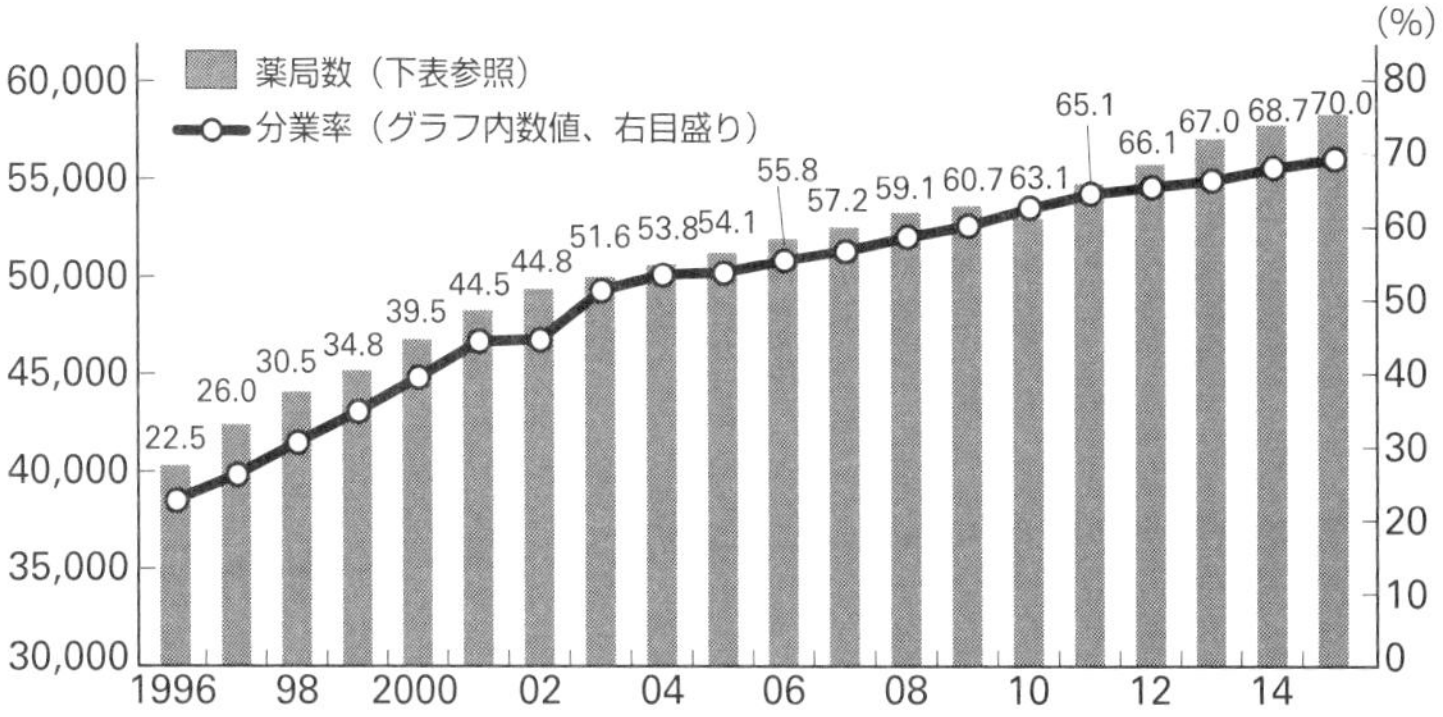

1996年	1997年	1998年	1999年	2000年	2001年	2002年	2003年	2004年	2005年
40,310	42,412	44,085	45,171	46,763	48,252	49,332	49,956	50,600	51,233
2006年	2007年	2008年	2009年	2010年	2011年	2012年	2013年	2014年	2015年
51,952	52,539	53,304	53,642	53,001	54,780	55,797	57,071	57,784	58,326

出所：薬局数は厚生労働省「保健・衛生行政業務報告書」、分業率は日本薬剤師会「保険調剤の動向」

図表3-28　大手調剤薬局の店舗数

企業名	主なブランド	店舗数
アインホールディングス	アイン薬局	1,066
クラフト	さくら薬局	697
総合メディカル	そうごう薬局	686
日本調剤	日本調剤	570
クオール	クオール薬局	717
メディカルシステムネットワーク	なの花薬局	377
アイセイ薬局	アイセイ薬局	336
ファーマライズホールディングス	ファーマライズ薬局 薬ヒグチ	344
阪神調剤ホールディング	阪神調剤薬局	412

出所：日本M&Aセンター独自調査による

図表3-27　開設者店舗規模分類（2016年）

店舗数	開設者数	構成比	構成比率のポイント差（2016年－2013年比）
1	17,872	71.5%	−1.60%
2〜5	5,887	23.6%	1.10%
6〜10	746	3.0%	0.30%
11〜20	277	1.1%	0.20%
21〜50	138	0.6%	0.10%
51以上	70	0.3%	0.10%
総計	24,990	100.0%	

出所：矢野経済研究所「ヤノファーマシーデータレポート　2017」

改定を行い、その意にそぐわない店舗の存続が危ぶまれる事態が生じている。経営者が薬剤師であるケースも多く、高齢化による後継者不在、代わりの薬剤師の確保難という問題が、さらに調剤薬局の存続を脅かしているのである。

M&Aの規模が徐々に拡大し、業界は成熟期の段階へ

調剤薬局業界ではここ10年の間に再編の動きが活発化しており、たとえば2008年には、東邦薬品が全快堂薬局（新潟県／年商28億円）を、アルフレッサHDがアポロメディカルHD（東京都／年商93億円）を買収するなど、医薬品卸が積極的に調剤薬局を傘下に収めている。2010年には、東邦HDによるメディカルブレーン（福岡県／年商16億円）の買収や、クオールによるテイオーファーマシーグループ

	店舗数	出店エリア
	60店	大阪、奈良
	115店	全国
	95店	関東、三重、大阪
	87店	新潟
	316店	全国
	41店	香川、徳島、大阪
	36店	愛媛、広島、岡山、山口、香川、高知、徳島
	21店	大阪、兵庫
	52店	静岡、東京、滋賀、京都、兵庫
	41店	埼玉、千葉、東京、神奈川
	35店	茨城、栃木、埼玉、千葉、東京、神奈川
	54店	宮城、山形、福島、栃木、埼玉、千葉、東京
	24店	大阪、兵庫、奈良、和歌山
	38店	広島、山口、島根
	35店	福岡、佐賀、長崎、山口
	12店	大阪、和歌山
	10店	東京
	23店	茨城、栃木、群馬
	19店	北海道
	13店	石川

図表3-29　譲渡する地域中堅薬局の規模が毎年拡大

発表日	譲受属性	譲受企業	譲渡企業
2017年7月	調剤薬局	阪神調剤ホールディング	メディカルかるがも
2016年11月	調剤薬局	アインホールディングス	葵調剤
2016年11月	調剤薬局	総合メディカル	みよの台薬局
2016年6月	調剤薬局	クオール	共栄堂
2016年2月	ファンド	J-STAR（アイセイHD）	アイセイ薬局
2015年9月	調剤薬局	アインホールディングス	NPホールディングス
2015年5月	※メディカルシステムネットワークと薬樹が「業務提携」		
2015年4月	ドラッグストア	ツルハHD	レディ薬局（調剤抜粋）
2015年2月	調剤薬局	総合メディカル	祥漢堂
2015年1月	調剤薬局	アインホールディングス	メディオ薬局
2014年12月	医薬品卸	アルフレッサHD	日本アポック
2014年11月	※アインファーマシーズと総合メディカルが「業務提携」		
2014年8月	調剤薬局	クオール	セントフォローカンパニー
2014年7月	※クオールとココカラファインが「業務提携」		
2014年7月	医薬品卸	バイタルケーエスケーHD	オオノ
2014年5月	調剤薬局	ファーマライズHD	ヘルシーワーク
2013年11月	ドラッグストア	ツルハHD	ハーティウォンツ（現・ウォンツ）（調剤抜粋）
2013年9月	調剤薬局	メディカルシステムネットワーク	トータル・メディカルサービス
2013年8月	調剤薬局	総合メディカル	タイコー堂薬局
2013年8月	ドラッグストア	ココカラファイン	光慈堂薬局
2013年3月	調剤薬局	クオール	アルファーム薬局
2013年1月	ドラッグストア	富士薬品	オストジャパン
2012年11月	ドラッグストア	マツモトキヨシHD	示野薬局（調剤抜粋）

出所：日本M&Aセンター作成

（中四国地方／年商29億円）の買収といった年商20億円クラスの売却が相次ぎ、業界再編は新たなステージへと移った。

その後、ドラッグストア業界が積極的に調剤薬局に参入したり、2012年以降には買収案件が複数出現して、ついには2013年にオストジャパン（札証）、トータル・メディカルサービス（JQ）がTOBにかかるなど、上場企業同士のM&Aが起こった。これにより一気に再編のスピードは加速し、その翌年から地方でトップクラスの薬局が相次いで売却を行っている。

そして2016年には、共栄堂（新潟県）、葵調剤（宮城県）、みよの台薬局（関東）のような年商100億円クラスの企業が、立て続けに売却に動いた。再編が進むにつれ、譲渡企業の規模も10億、20億、30億、50億、100億と徐々に大きくなっていき、さらには異業種からの買収も相

図表3-30　患者のための薬局ビジョン

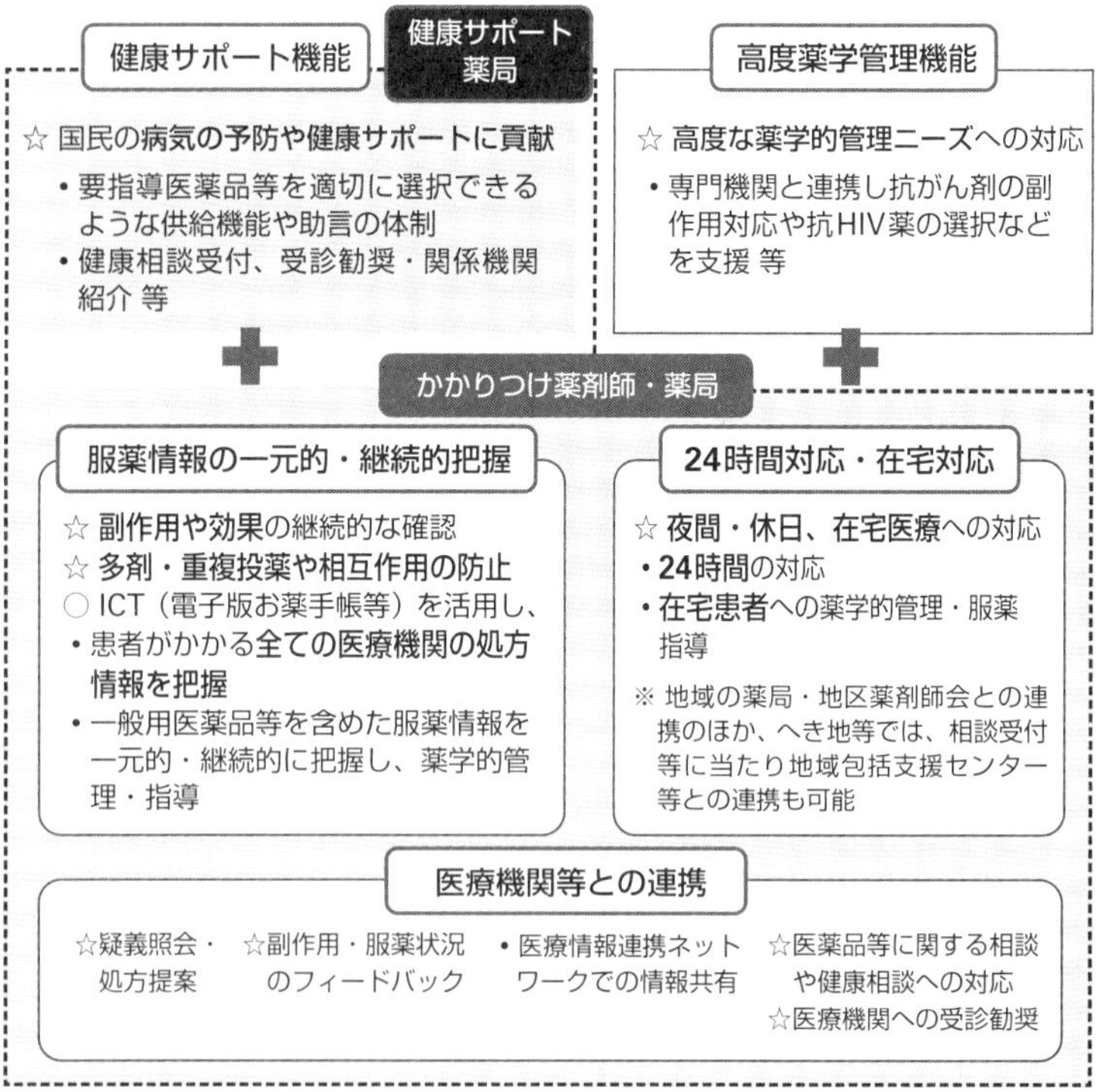
健康サポート機能
健康サポート薬局
高度薬学管理機能
☆ 国民の病気の予防や健康サポートに貢献
・要指導医薬品等を適切に選択できるような供給機能や助言の体制
・健康相談受付、受診勧奨・関係機関紹介 等
☆ 高度な薬学的管理ニーズへの対応
・専門機関と連携し抗がん剤の副作用対応や抗HIV薬の選択などを支援 等
かかりつけ薬剤師・薬局
服薬情報の一元的・継続的把握
☆ 副作用や効果の継続的な確認
☆ 多剤・重複投薬や相互作用の防止
○ ICT（電子版お薬手帳等）を活用し、
・患者がかかる全ての医療機関の処方情報を把握
・一般用医薬品等を含めた服薬情報を一元的・継続的に把握し、薬学的管理・指導
24時間対応・在宅対応
☆ 夜間・休日、在宅医療への対応
・24時間の対応
・在宅患者への薬学的管理・服薬指導
※ 地域の薬局・地区薬剤師会との連携のほか、へき地等では、相談受付等に当たり地域包括支援センター等との連携も可能
医療機関等との連携
☆疑義照会・処方提案
☆副作用・服薬状況のフィードバック
・医療情報連携ネットワークでの情報共有
☆医薬品等に関する相談や健康相談への対応
☆医療機関への受診勧奨

出所：厚生労働省「患者のための薬局ビジョン」

次いでいる。いまや調剤薬局業界は成長期から成熟期に差し掛かった段階に入っており、本格的な成熟期に向けて、これからも大きな変遷を続けていくと考えられる。

「かかりつけ機能」を持たない薬局は経営が困難に

調剤薬局業界のM＆Aはますます規模が拡大し、件数も増えていき、より戦略的な新しい考え方で行われるケースも増加する。調剤薬局にとっては今後、「①かかりつけ機能への対応」「②より良い医療サービスの追求」「③新時代・新技術への対応」がポイントとなるだろう。

①については、2015年に厚労省が掲げた「患者のための薬局ビジョン」に記載されている通り、薬局に「かかりつけ機能（健康サポート薬局、24時間対応、服薬指導・情報の一元化、医療機関等との連携）」が求められることとなった。代表的なかかりつけ機能に患者の「在宅対応」があるが、これを行うには、薬局は薬剤師の人員に余裕を持たせ、施設等への営業や在宅ノウハウを習得することも必要となってくる。しかし、薬剤師の確保は魅力的な企業でないと難しく、小規模の薬局では営業のためのマンパワーが足りず、在宅のノウハウを習得する時間の余裕もないなど、かなりハードルが高いのが実情だ。

この先、かかりつけ機能を持たない薬局は淘汰されていくと予想される。他社から薬剤師を補充し、在宅の営業もしてもらい、さらにはノウハウも共有するというような、不足したところを補ってもらうためのM&Aが増えてくるに違いない。

「より良い医療サービスの追求」に向けたM&Aとは

「より良い医療サービスの追求」に関しては、どの調剤薬局の経営者も自分なりの信念を持っているはずだ。しかし国は「より質の高い医療」を望んでいる。パートではなく、6年制を卒業した薬剤師の雇用・育成を経営者に求めているが、これは中小規模の薬局にとって現実的でない。

一方で、「より良い医療」の実現には、患者と心を通わせるためにも、地域に根差していることが重要だ。大手企業が他地域に進出する際、新規に出店するより、地元で長く続く中小薬局と提携することが望ましい。今後はそのような大手と中小薬局の両者がwin-winの状態になるM&Aが増えると考えられる。

調剤薬局業界における「新技術への対応」の具体例

これは全業種に共通することだが、世の中はまさに「AI」や「ビッグデータ」の時代に突入し、企業は「新技術への対応」を求められるようになった。調剤薬局業界でも、積極的にITを取り入れ、効率化を図っている企業がある。

たとえば、株式会社カケハシの提供する「薬歴記載を効率化するシステム」が業界で注目を集めているが、これを活用することで薬剤師は薬歴記載の手間を減らし、本来の業務である「患者対応」に注力できる。また、日本調剤では技術者を自前で抱え、システムのバージョンアップを頻繁に行っており、よりよい医療サービスを提供するために日々進化している。同社は調剤業務をロボットが代行する分野を拡大し、薬剤師が患者対応に労力を注いでいるのも特長だ。さらに、日本調剤は第一生命と業務提携したが、それに象徴される「ビッグデータを利用した新サービス」は、他社でもどんどん生まれていくだろう。

こういった新しい流れに乗り、最先端技術を駆使していくには、やはりある程度の店舗数、資金、情報網が必要となってくる。他社から後れを取らないためには店舗を拡大しなければならないが、新規出店を一気に増やす

図表3-31　調剤薬局の店舗数推移

企業名＼年	2004	2013	2014	2015	2016	2017	直近期増加
アインホールディングス	148	560	616	754	881	1,066	185
クラフト	166	442	456	471	483	697	214
総合メディカル	182	417	493	538	576	686	110
日本調剤	151	465	493	510	527	570	43
クオール	110	396	470	497	534	717	183
メディカルシステムネットワーク	57	269	321	345	353	377	24
アイセイ薬局	56	249	287	303	311	336	25
ファーマライズホールディングス	69	214	245	260	341	344	3
阪神調剤ホールディング	66	164	196	223	256	412	156
合計	1,005	3,176	3,577	3,901	4,262	5,205	943

出所：日本M&Aセンター独自調査による

のは難しいため、必然的にM&Aが増えていくと考えられる。これまでM&Aは後継者不在、オーナーの高齢化、薬剤師の採用難などが原因で行われていたが、今後はより戦略的な意味の強いM&Aが多くなっていくだろう。

高レベルのサービス提供のカギは、「振り回されない経営」の実現

大手企業は過去10年強の間に店舗数を大幅に増やし、勢いを拡大してきた。一方で、昨今の報酬改定を見ていると、在宅や医療機関との連携、健康サポート薬局など、少数店舗では資金、人員、ノウハウの面で対応が困難な状況が窺える。薬局の全体数はこの先、減少せざるを得ず、トップ10社のシェアが50%になるまで中小薬局のM&Aが頻発するだろう。

近隣業種でみるとドラッグストアは現在トップ10社のシェアが60%程度であり、再編は最終局面に突入した。地域ナンバーワンストアのほとんどがすでに譲渡を終えたいま、売上50億円以下の企業は運営が厳しく、M&Aによる売却は難しい。今後ますます集約化されていく中、トップ4社に入れるか否かによって命運が分かれるだろう。調剤薬局業界においても、同様のことが起こると考えられる。ある程度シェアを伸ばせば、調剤薬局業を基礎にしつつ、付随するサービスへ注力することが可能になるはずだ。しかしながら、業界ナンバーワンであるアインホールディングスでさえ、シェアはいまだ4%程度であるため、大手企業

が出現するまでに少なくとも3～5年程度を要するに違いない。

これまでは技術の革新が行われなかった業界である。分業前の名残によりドクターと対等になれず、2年ごとの報酬改定に振り回され、薬剤師の確保に悩んできた。しかし、今後「ドクターや国の制度や薬剤師の確保」に振り回されない経営をする大手企業が出現すれば、調剤薬局を基盤とした、新たな高付加価値の医療サービスを提供できるであろう。

調剤薬局業界担当　小林大河・山本夢人

会計事務所業界

成熟した会計事務所業界に求められる価値観とは

二極化、競争原理が働く時代だからこそ「未来会計」と「ネットワーク」で対応する

岩永經世氏
（IG会計グループ 代表）

コラム
澤邉紀生教授
（京都大学大学院 教授）

（左）岩永經世氏、（右）澤邉紀生教授

30年以上前から成熟産業

33年前の1984年、この会社を創業する際に銀行からお金を借り入れたのですが、その時言われた言葉が、今も記憶に残っています。それは、「医業もそうですが、税理士・公認会計士の業界はすでに斜陽産業だと思っています」ということでした。

すでに市場が成熟しているということですが、そうなると看板を掲げているだけではお客様は増えていきませんし、同業他社との価格競争に巻き込まれる恐れもあります。だから、「うちでなければだめだ」と思ってもらえるようなサービスを提供していきたいと考えて、事業をスタートさせました。

会計事務所業界の現状は、完全に成熟化しています。30数年前は、同じように成熟産業と見られていても、まだ他の事務所がやっていないような領域を攻めることで差別化を図ることはできたのですが、今は完全にコモディティ化しています。会計や税の専門知識が徐々に一般教養化するなかで、専門知識による差別化が困難になっているのです。結果、税務会計の顧問料は下がり続け、中小企業の数も減少の一途をたどっています。われわれの仕事は「単価×数量」ですから、こうなると売上がなかなか上がりません。かつては「1兆円産業」といわれましたが、もうすでに1兆円を割り込んでいる

IG会計グループ

1984年創業。現在、長崎6社を中心に、兵庫・宮崎・大分に拠点展開し、全国の士業・専門家とのネットワークを目指している。

岩永經世氏
IG会計グループ 代表

早稲田大学大学院商学研究科修了。1984年岩永經世税理士事務所開業、㈱IGプロジェクト設立。2014年5月、㈱日本BIGネットワークを設立。継続的なサポートを可能にする「MAS監査（未来会計による監査システム）」を提唱、会計業界への普及活動を続ける。

と思います。

ＩＧ会計グループのＩＧは、Intelligent Groupの略です。市場全体がシュリンクし、かつビジネスが多様化、複雑化していくなかで、われわれのお客様である中小企業を支えていくためには、もはや一会計事務所の知識や経験ではお役に立てないと考え、それなら衆知を集めようという発想から、ＩＧという概念を導入しました。

お客様である中小企業には、経営計画を立てる習慣がありません。これはわれわれが創業した当時からそうなのですが、経営計画なくして経営はできません。なので、経営計画立案のサービスを提供できる会計事務所にしようと考えたのですが、当時の中小企業は、経営計画立案をあくまでサービスと考えていて、ビジネスになりませんでした。

ただ、この時の経験があって現在、「未来会計」という、経営者と一緒に未来を考えるための会計手法にたどり着きました。そして、未来会計を展開するためのビジネスモデルとして、「ＭＡＳ監査」を提唱し、コンサルティング業務の領域を広げています。これは、社長に経営計画を作っていただき、正しい経営が行われているかをマネジメント的な視点でチェックするというものです。

世の中で、中小企業の経営者が頭を悩ませている問題点はたくさんあります。なかなか黒字化しないこともそうですし、資金繰りや事業承継の問題も深刻です。この手の困り事に対してきちんと向き合い、解決法を提案できる会計事務所が、これから伸びていくでしょう。

そういう会計事務所になり、業界の上位に居続けるためのポイントは三つ考えられます。第一に、会計事務所のトップである所長が、独自の経営観を持っているかどうか。何のために会計人の仕事をしているのかを、自分自身の言葉で語れることが大事です。第二に、同業他社と価格競争をせずに済むだけの、高い付加価値を持つ事業領域を創る努力をしているかどうかです。

そして第三に、人材の育成に熱心かどうかです。専門知識や経験も大事ですが、ものの考え方、価値観もきちんと伝えられれば、価値観の共有ができます。

多様化に対応するネットワークをつくる

今後、会計事務所業界の市場がシュリンクしていくなかで、当然のことですが、過激な競争が始まるでしょう。

そして、競争原理が働くと、必ず二極分化していきます。要するに弱肉強食の世界です。小さい会計事務所になると、仕事が減るたびに働いている人を一人ずつ辞めさせていき、最後には一人所長の事務所になってしまうわけですが、これでは中小企業を支えることなどできません。

だからこそネットワーク化が必要なのです。もちろん、大きな会計事務所に吸収される道もありますが、これでは多様性がなくなります。会計事務所同士がお互いの独立性を認め合いつつ、自分の強みを強化しながら、必要に応じてその強みをお互いに活かし合うというネットワークを構築できれば、多様性の問題にも対応でき、かつひとつひとつの会計事務所の規模は小さくても、ネットワークの関係性の中で、より良い仕事ができるはずです。

時代環境の変化によって、これからの日本は量を追求できなくなるでしょう。そうなると、サービスも量ではなく質に転化していく必要があります。ただ、そのなかでより専門性を深めようとすると、今度は中小企業が直面している多様化した経営環境の問題に対応できなくなります。多くの会計事務所が、こうしたジレンマに苦しんでいます。だからこそ、会計事務所のネットワーク化が、この業界の大きな流れになっていくと考えるのです。

10年後の会計事務所業界はどうなる

二極分化や競争原理が激しくなる時代になれば、本物しか生きていけなくなります。そこで大事なのは、能力を高めること以上に、会計人の存在意義と価値はどこにあるのかを、自分自身に問えるような価値観をしっかり持つことです。それと共に、自分の価値を活かせる場所を、どう選び取っていくのか、ということも大事になってきます。いくら自分に強みがあったとしても、その強みが活かされない場所で働いていたら、何の価値も生むことはできません。
昔から会計人の専門領域は、税務、会計、コンサルタント業務の三つとされてきました。これは、今後も変わることはないでしょう。ただ、中小企業経営者が未来を描けなくなっている今の時代、大事になってくるのは、未来会計に軸足を置いたコンサルティング思考だと思います。
そして、自分が身につけた専門性には、さらに磨きをかけていくことも大事です。常に成長し続け、熟練化できるかどうか。そういう意識を持った会計人だけが、これから10年後に向けて一段と進む二極分化、競争激化の会計事務所業界で生き残っていけるのです。

「未来会計」に求められる倫理観

澤邉紀生（京都大学大学院 教授）

税務会計や財務会計は、すでに生まれた富を計算する話です。つまり過去に生まれた価値を分配するための会計です。

これに対して、岩永先生の提唱する「未来会計」は、価値を創造するための会計です。それは未来を創造するための会計と言い換えても良いでしょう。したがって、不確実性や状況変化に対して臨機応変に対応するスキルが必要です。未来会計を導入するにあたっては、会計人が自分自身の考え方を変える必要があります。

ただ、ここでひとつややこしい問題が生じてきます。従来の税務会計や財務会計は、あらかじめ決められたルールにのっとって適切に判断すれば良いことですが、未来という不確実なものに触るので、ルールを機械的に当てはめるようなことはできません。原理原則はあってもマニュアル通りというわけにはいかないのです。

それと同時に、テクノロジーの発展によって、各々が持っている倫理観や理念、目的に基づいて行動したかどうかが、履歴として残ってしまいます。しかも、それが他の人にも見えるようになります。

だからこそ、自分自身の倫理観、会計人としての目的を明快にすることが、これからの会計人には一層、求められるようになるのです。

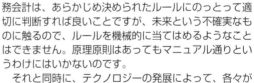

会計事務所業界動向

市場規模は大きいが、先行きに不安を感じている事務所が少なくない

総務省統計局の発表によると、公認会計士・税理士の市場は2012年の時点で約1兆3400億円に達している。このうち、約3400億円は4大監査法人（有限責任あずさ監査法人〈KPMG〉、新日本有限責任監査法人〈EY〉、有限責任監査法人トーマツ〈デロイト〉、PwCあらた有限責任監査法人〈PwC〉）及びその関連税理士法人の売上にあたり、残りの約1兆円は国内の会計事務所（大規模な税理士法人から小規模な個人税理士事務所まで）のマーケットだ。

従業員数の規模から見た国内の会計事務所のトップ20は図表3-32の通りだが、トップレベルの会計事務所でも売上は100億円程度であり、マーケットの大きさからすると、まだ寡占化が進んでいない業界である。また、公認会計士・税理士の資格者数という点では、2017年6月末時点で公認会計士が2万9456名（準会員は含まない）、税理士が7万6358名にのぼり（日本公認会計士協会、日本税理士会連合会公表）、いずれも過去最多の人数となっている。

これらの数字から、マーケットは広く、人材も豊富に揃っていることが分かるが、会計事務所の現場から漏れ聞こえてくる声とは印象が違う。価格競争などの煽りを受けて顧問報酬は減少の一途をたどり、また、顧問先である企業数を増やすことも困難で、先行きに不安を抱えている会計事務所が非常に多い。どの会計事務所も、必ずしも明るい将来を描けているとはいえないのが実情だ。

図表3-32　会計事務所の従業員規模トップ20

	事務所名	所在地	従業員数
1	日本経営グループ	大阪府	1,920
2	辻・本郷税理士法人	東京都	1,134
3	デロイトトーマツ税理士法人	東京都	770
4	山田コンサルティンググループ	東京都	725
5	KPMG税理士法人	東京都	700
6	PwC税理士法人	東京都	620
7	EY税理士法人	東京都	600
8	名南コンサルティングネットワーク	愛知県	458
9	ベンチャーサポート税理士法人	東京都	420
10	GGI東京コンサルティンググループ	東京都	416
11	マイツグループ	京都府	366
12	AGSコンサルティング／AGS税理士法人	東京都	337
13	税理士法人近代経営	熊本県	310
14	税理士法人平成会計社	東京都	294
15	フェアコンサルティンググループ	大阪府	272
16	税理士法人アップパートナーズ	福岡県	252
17	税理士法人ゆびすい	大阪府	248
18	吉岡マネジメントグループ	北海道	212
19	みらいコンサルティンググループ	東京都	200
	TOMAコンサルタンツグループ	東京都	200
	アタックスグループ	愛知県	200

出所：各社Webサイトより日本M&Aセンター作成

業界全体に大きな問題が差し迫り、転換期が訪れようとしている

公認会計士・税理士を目指す人材が増加傾向にある一方で、今後の日本全体の状況を考えると、会計事務所業界は大きな転換期を迎えようとしている。というのも、「①後継者問題による企業数の減少」「②経営者の高齢化」「③テクノロジーの発達による業務・サービスの消滅」などの問題が差し迫っているからだ。

① 後継者問題による企業数の減少

2000年の時点で約470万あった日本国内の企業等数は、2014年には約380万に減少し、現在も毎年減り続けている。これは国内の人口減少により必然的に起こることだが、後継者問題がその状況に拍車をかけている。企業を対象にサービスを提供するのが会計事務所であり、その対象の全体数が減少すれば当然、会計事務所の売上も下がっていかざるを得ない。

② 会計事務所経営者自身の高齢化

さらに、この後継者問題は、企業だけではなく会計事務所自体の問題にもなっている。代表者が60歳以上である会計事務所の割合は約54％を占めており、つまり国内にある事務所の半数以上が、近い将来に事業承継の問題を抱えることになるのだ。

③テクノロジーの発達による業務・サービスの消滅

そして、会計事務所業界は新たな脅威にさらされようとしている。ＡＩなどのテクノロジーの発達により、提供するサービスそのものがなくなるという脅威だ。オックスフォード大学のマイケル・Ａ・オズボーン准教授らが２０１４年に発表した論文「雇用の未来〜コンピュータ化によって仕事は失われるのか〜」にて、税務申告代行業務、記帳代行などのデータ入力業務を行う職業は、将来なくなる可能性が非常に高いと示された。確かに、計算・入力などの単純作業は人間よりもコンピュータの方が得意な分野であり、そうした業務が主軸であるとすれば、公認会計士・税理士の業務が将来消滅することは想像に難くない。

この三つの問題を控えたいま、会計事務所は次なる一手を打つ必要に迫られている。つまり、「顧問先は減り続け、単価も下がり、最終的には業務自体がなくなる可能性がある」という状況においては、会計事務所の存在のあり方、業務内容、サービスを大変革する必要があり、その変革はスピードを伴って行わなければならない。

会計事務所業界で近年行われている戦略的M&Aの実例

大きな変革の一手段として近年増えてきているのが、会計事務所同士のＭ＆Ａである。Ｍ＆Ａによって規模を拡大し、マーケットのシェアを多く獲得できれば、業界内外での影響力を高めて新たなサービスを展開したり、新地域でサービスを提供することが可能になる。

実際、全国展開する大手税理士法人が、従業員数数名～10名クラスの地方の会計事務所を吸収するといった事例が増えてきている。今までも、所長の年齢の問題などから、顧問先を弟子や知人に引き継ぐという形でM&Aのようなことが行われてきたが、最近では事務所の規模を拡大していく目的で積極的にM&Aを行う会計事務所も多くなっている。現在、M&Aに積極的な事務所としては、辻・本郷税理士法人などが挙げられるが、今後は業界トップ20に入るような会計事務所が中小の会計事務所を買収するケースや、中小の会計事務所同士で合従連衡してグループとしてまとまっていくことが増えていくだろう。

加えて、弁護士事務所や社会保険労務士事務所といった、資格の垣根を越えた士業とのM&Aや、コンサルティング会社とのM&Aも増えていくと思われる。隣接の専門家やコンサルティング会社と組むことで、顧客に対して複数のサービスを提供できるようになるなど、相乗効果を出しやすいという特長があるためだ。たとえば、業界最大手の山田コンサルティンググループは、海外事業の拡大を狙い、Bexuco Ltd.（中国／香港）と資本提携し、海外のクロスM&A事業を展開したり、Spire Research and Consulting Pte Ltd.（シンガポール）を子会社化して、ASEAN地域や新興国地域での市場調査サービスも提供するなど、積極的にコンサルティング会社とのM&Aを行っている。あるいは、GGI東京コンサルティンググループ（東京都）、マイツグループ（京都府）、フェアコンサルティンググループ（大阪府）のような、海外進出の支援などの業務に力を入れることで会計事務所業界の中での存在価値を打ち出しているところもある。

現状から予想される、未来の会計事務所の「四つの類型」

このように、会計事務所業界でもその他の業種と同様に、マーケットのシェアをとるために寡占化が進んでいき、資本力のある大手会計事務所はさらに大きくなっていくと思われる。前述の大きな三つの問題を抱えながら、会計事務所は存続・発展していかなければならず、生き残りのためにどの業界よりも熾烈な競争を繰り広げていくだろう。

そして競争が進んだ結果、会計事務所業界はどうなっていくのだろうか。株式会社日本M&Aセンターが運営する日本M&A協会（全国670を超える有力会計事務所が加盟する、日本最大級の会計事務所M&Aネットワーク）所属の会計事務所の生の声なども踏まえつつ、未来の会計事務所のあり方について大きく四つの類型にまとめた（図表3-33）。

この4タイプは、未来の会計事務所が必ずいずれかに当てはまるというものではなく、あくまで基本となる考え方を示したものだが、その中でも最も注目すべきは、タイプⅣの型だろう。日本国内に一番多い、タイプⅡのような地域密着型会計事務所がタイプⅣを目指し、顧客に高い付加価値を提供することで、存続、発展の可能性が高くなると考えられる。

顧客にとって高付加価値となりうるサービスとは

では、高い付加価値を提供する業務とは、具体的にはどんなことだろうか。専門特化型でいえば、たとえば、①経理アウトソーシングに特化（BPO）、②資産税に特化、③相続税申告に特化、などが挙げられる。企業の人材が不足する時代にBPOを専門にしたり、高齢化社会のニーズをとらえて②③のようなサービスに特化するのは、成長余力があるといえよう。

図表3-33　未来の会計事務所の「四つの類型」

【タイプⅠ】全国展開型・ロープライス型

全国シェアをとりながら規模を拡大していく会計事務所。その手法は様々であり、業務のマニュアル化やサービスの均一化、プラットフォームとしての役割の強化、価格競争・価格破壊などを行いながら成長していき、クラウド会計やAIなどの最先端ITも取り入れることが予想される。それなりの資本力や規模があり、業界再編・寡占化をリードしていく存在。

【タイプⅡ】地域密着型

地方・地域の企業を相手にフットワーク軽く、きめ細やかに対応し、顧客と一緒に発展していくタイプの事務所。地方企業が減少してマーケットは縮小していくため、最終的には廃業の選択肢も視野に入れつつ経営をしていかなければならないといった課題を抱えている。今の業務内容を変革せずにいつまで存続していられるかが大きなポイント。現在の日本国内に最も多い会計事務所の類型。

【タイプⅢ】海外展開型

国外の税務や会計に精通しており、これから海外へ進出しようとする会社や、逆に海外から撤退したい会社に対して助言を行う事務所。他との差別化を図って存在価値を高めていく。ただし、高度な専門性と人材力を求められるため、このタイプの事務所になるのは容易ではない。

【タイプⅣ】高付加価値提供型（専門特化型・ビジネスコンサル型）

大手会計事務所で行っているような業務を深掘りし、それに専従するという専門特化型の会計事務所や、税務・会計という垣根を越えて会社の事業、ビジネス、人事にまで入り込み、コンサルティングを行っていく事務所。

出所：日本M&Aセンター作成

ビジネスコンサル型としては、事業承継に関連するコンサルティングサービスやM&Aコンサルティングなどの業務が考えられる。先にも触れたが、会計事務所は日本国内すべての企業とつながっており、企業の事業承継問題や成長戦略、M&Aに関与できる稀有な存在だ。

そこに高付加価値のサービスを加えることで、存在感を発揮することが可能になる。事業承継計画の策定、成長戦略の立案、企業価値の評価、株主構成対策、労務管理、人事制度構築など、考えられるサービス内容は様々だ。会計事務所が関与していけるフィールドはまだまだ広く、潜在的なマーケットを保有しているといえる。

今後、事業承継や淘汰が進むとともに、新しいタイプの事務所が登場し、会計業界の地図は現在とはまったく異なったものになっていくだろう。

会計業界担当　上夷聡史

図表3-34　会計事務所をとりまく付加価値サービス例

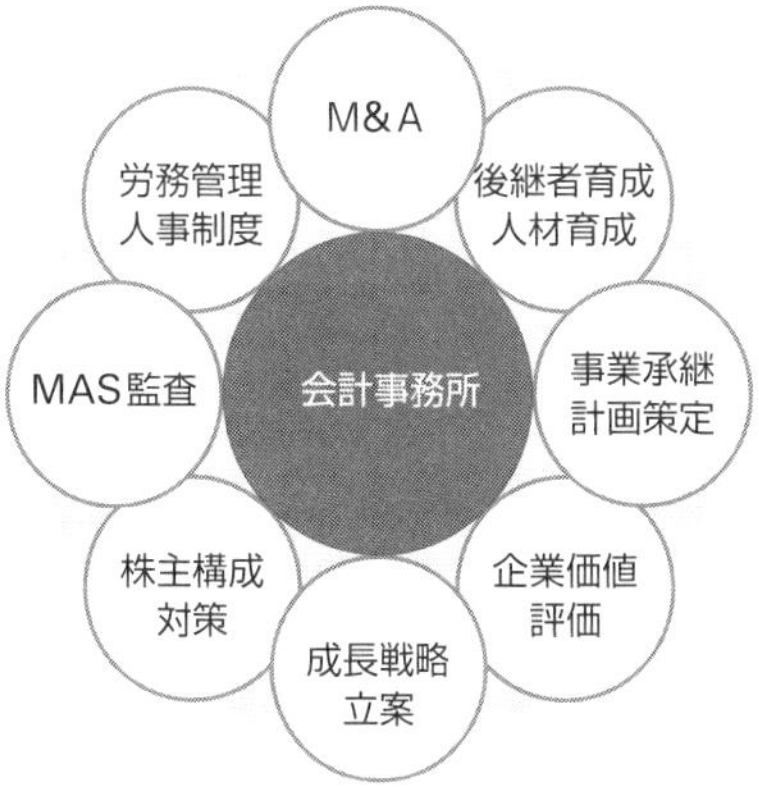

出所：日本M&Aセンター作成

物流業界動向

物流市場の半分は大手企業が占めている

矢野経済研究所のデータによると、物流業界全体の市場規模は約20兆円になり（2015年度）、GDP総額の約4％を占めている。また、国土交通省のデータによると、就業者数は約250万人（全産業就業者数の約4％）にのぼる。

物流業界総市場における企業別シェアは、上位から日本郵船グループ（10・5％）、商船三井（8・2％）、日本通運（7・6％）、ヤマトホールディングス（6・3％）、川崎汽船（6・0％）となり、いずれも1兆円超の規模である。それに続く5社は1兆円未満の規模であるが、大型M&Aを活発に行い、シェアを伸ばしている。2015年度は上位10社で、全体の5割強までシェアを伸ばしている。

物流業界の中でも今勢いがある業種は、「トラック運送」「倉庫」で、この5年間で2割ほど市場が拡大している。「トラック運送」では、センコーによるランテックの子会社化、近鉄エクスプレスによるシンガポールのAPLロジスティクス子会社化など、大型M&Aが相次いだ。一方「倉庫」は、流通加工サービス強化と、温度管理技術や商品流通の迅速化により、荷主が増加している。また、「宅配便」は、通販市場の拡大により5年間で約6％市場拡大している。

大手3社に集約された宅配業者

2016年度、宅配便の個数が初めて40億個を突破した。宅配便は、現ヤマトホールディングスが1976年にスタートした事業だ。30年前は「動物戦争」（黒猫〔ヤマト運輸〕vsペリカン〔日本通運〕vsカンガルー〔西濃運輸〕など）と呼ばれ、40社がひしめく業界であったが、今では上位3社でシェア93％へと集約された。通販市場の拡大により、頼んだものが翌日

図表3-35　物流業界市場規模

2015年度物流業種総市場規模 約20.4兆円

海運／フォワーディング
市場規模
6兆8,400億円
日本郵船、商船三井、川崎汽船
売上1兆円超　3社
NS ユナイテッド海運、JFE 物流、近鉄エクスプレス、郵船ロジスティクス、日本通運
売上1,000億円超　5社

トラック運送
市場規模
9兆300億円
ヤマト運輸
売上1兆円超　1社
佐川急便、日本通運、日立物流、セイノーHD、日本郵便、センコー、福山通運、ニッコンHD、ニチレイロジ、近鉄エクスプレス、キユーソー流通システム
売上1,000億円超　11社

倉庫
市場規模
2兆5,900億円
日本通運、ニチレイロジ、三井倉庫HD、三菱倉庫、日本トランスシティ、C&FロジHD、横浜冷凍、住友倉庫、東洋水産、マルハニチロHD、日本水産、安田倉庫、澁澤倉庫、松岡
売上100億円超　14社

その他物流業種の市場規模　約2兆円
（国際宅配便、鉄道貨物輸送、鉄道利用貨物運送、一般港湾運送、航空貨物輸送、バイク便、トランクルーム）
※トラック運送=一般貨物自動車運送、特定貨物自動車運送、軽貨物運送、宅配便、納品代行、引越の事業者のこと

出所：矢野経済研究所「物流市場の現状と将来展望 2017 年版」をもとに作成

までに届く、人が住んでいれば届かない場所はない、といったことが当たり前の時代だ。各世帯で平均5日に1回は宅配便を受け取っており、日常生活の一部に組み込まれているといっても過言ではない。

しかし、宅配便業界ナンバーワンのヤマトホールディングスは、ドライバーへの未払い残業代を精算するために、営業赤字100億円（2017年4～6月期）になると発表した。現在は、収益の改善のため、荷主との〝値上げ〟交渉に踏み切り、ドライバーの〝賃上げ〟を行うための施策を大手企業が先陣を切って行っている。

トラック運送業の歩みと現状

「トラック運送」の市場規模は約9兆円で、物流業界全体の44%を占めている。

図表3-36　物流17業種　総市場規模の推移と予測

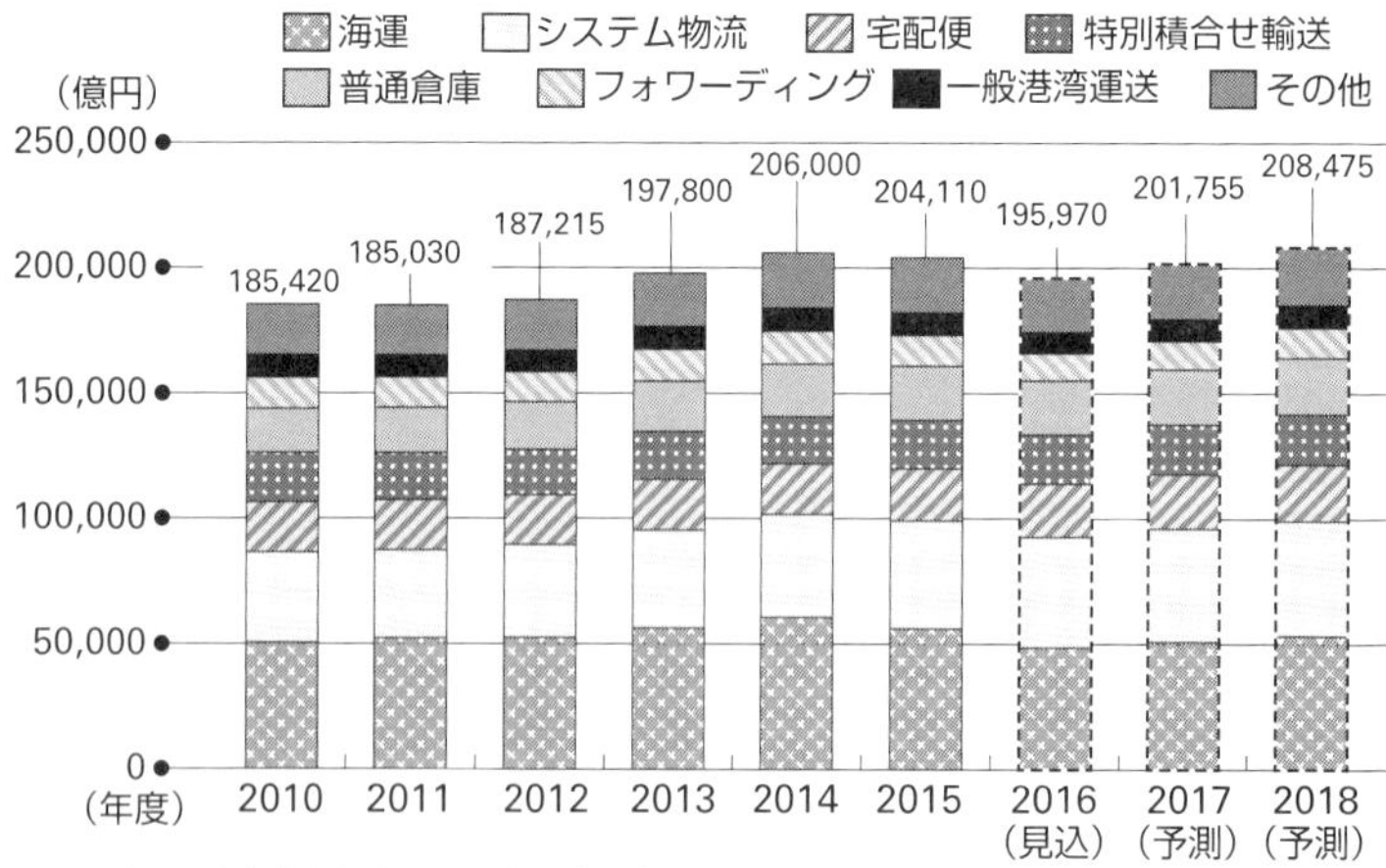

注1：事業者売上高ベース（運賃及び保管料、荷役料、関連サービス等を含む）
注2：見込値、予測値ともに2017年3月現在
出所：矢野経済研究所「物流市場の現状と将来展望2017年版」

図表3-37　トラック運送事業者数の推移

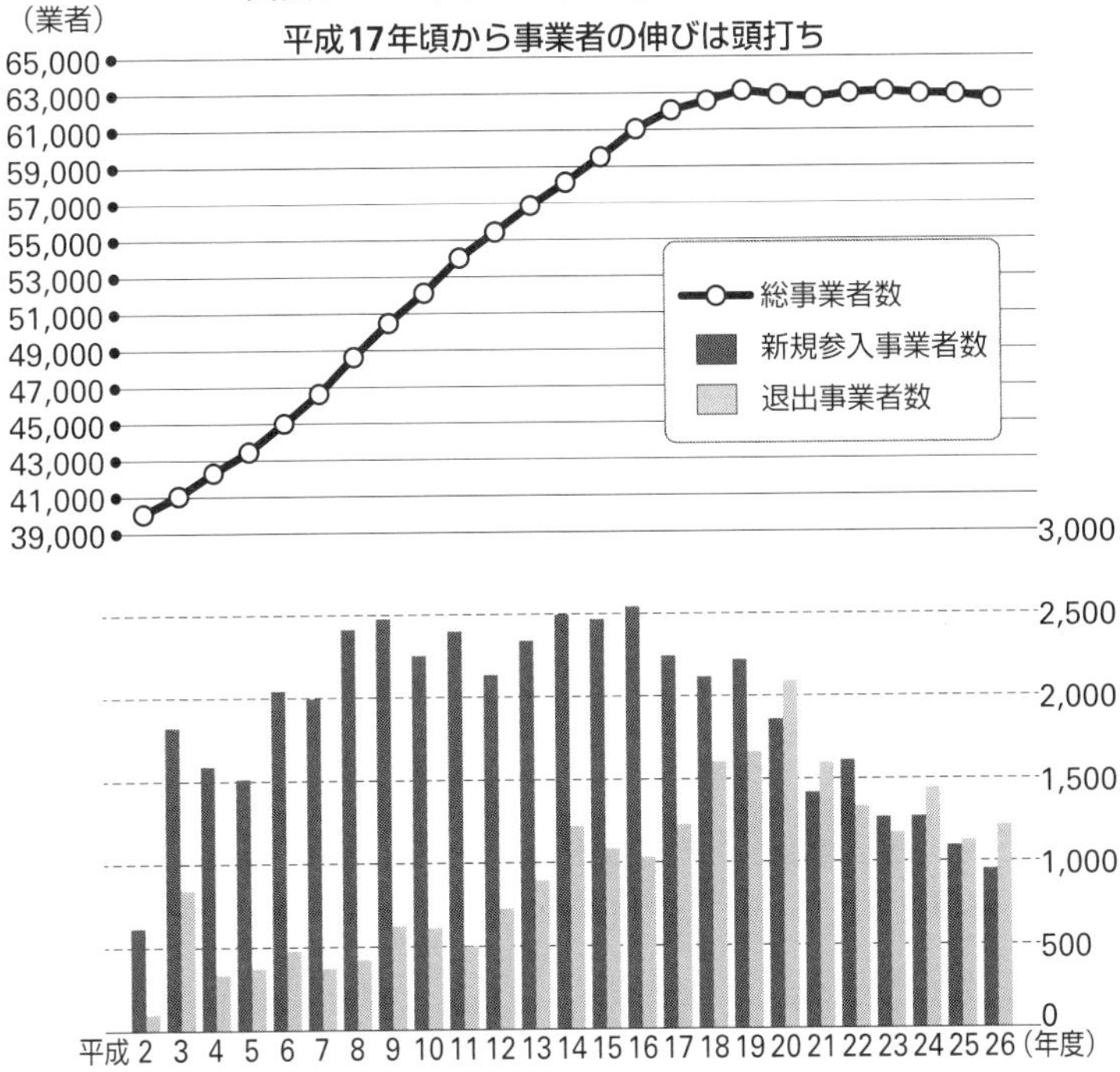

平成17年頃から事業者の伸びは頭打ち

年度	平成2	3	4	5	6	7	8	9	10
総事業者数	40,072	41,053	42,308	43,450	45,015	46,638	48,629	50,481	52,119
新規参入事業者数	617	1,823	1,590	1,514	2,042	1,995	2,413	2,476	2,250
退出事業者数	100	842	335	372	477	372	422	624	612

年度	平成11	12	13	14	15	16	17	18	19
総事業者数	54,019	55,427	56,871	58,146	59,529	61,041	62,056	62,567	63,122
新規参入事業者数	2,399	2,133	2,337	2,495	2,468	2,542	2,243	2,115	2,218
退出事業者数	499	725	893	1,220	1,085	1,031	1,228	1,604	1,663

年度	平成20	21	22	23	24	25	26
総事業者数	62,892	62,712	62,989	63,082	62,936	62,905	62,637
新規参入事業者数	1,860	1,418	1,611	1,269	1,272	1,097	951
退出事業者数	2,090	1,598	1,334	1,175	1,444	1,128	1,219

注：退出事業者数には、合併・譲渡により消滅した企業を含む
出所：国土交通省

トラックの運送会社は約6万3000事業者あり、国内における拠点数の限界を超えている（6万拠点の法則）。そして、トラック運送会社の99・9％が、従業員300人以下の中堅・中小企業である。この要因としては、何度かの法改正によって規制が緩和されたことが大きいだろう。1990年、物流業界の新規参入などを目的として規制緩和が行われ（貨物自動車運送事業法）、同時に、荷主の貨物を集荷〜配達まで一貫して最適な輸送サービスを提供できるようになった（貨物利用運送事業法）。この二つの法を合わせて一般的に〝物流二法〟と呼んでいる。

2003年にも改正が行われ、営業区域規定の廃止と運賃は事後届出制に変更され、免許と最低5台の車両を保有していれば「どこでも誰でもいくらでも」運送事業を営むことができるようになった。そして新規参入業者は平成2年から平成26年にかけて約1・5倍に増加した（図3-37参照）。運賃の自由化に伴い競争が激化し、市場が活性化した一方、過当な価格競争に陥ってしまい、安全面や社会的ニーズを考慮せず、労働者に対して過酷な条件を強いるような事業者も増えた。現在もまだ、約6万社が生き残りをかけて、コストダウンとサービス向上を競い合い、過当競争に陥っているのが実情だ。

コックピット経営が10年後の会社の存続を決める

中堅・中小物流企業は、大手運送会社からの多重下請け構造となっているケースが多い。

多くの中堅・中小企業は単純輸送であり、他社との差別化ができていない。車両台数10台以下の運送会社は55％が赤字だ。販売費はおおむね一定であるにもかかわらず、コストは70％、その内訳は人件費（一般管理費を含む）が約50％、燃料費が約20％となっており、特に、原油価格の変動により収益が大幅に変わる構造になっている。

コスト構造にボラティリティが高く、経営基盤が安定していない中堅・中小企業は、原油価格の変動により倒産、廃業するリスクが高い。ヤマトや佐川のような大手は荷主に値上げ交渉を開始しているが、その流れに乗って中堅・中小企業の経営者も値上げができるだろうか。

ドライバーから独立した運送事業の経営者は、まさに物流のプロである。しかし、地域に密着し「情」で仕事をとってきており、会社は社長の営業力に依存しているケースが少なくない。さらに、採算管理が不十分なまま仕事を受けてしまうことが散見される。「運送ルート別・車両別の採算管理」を導入し、思い切って赤字の配送ルートを廃止することや、荷主に十分に説明をし、値上げをすることが重要なポイントとなる。

コックピット経営（航空機の操縦席にいるかのように、経営状況の変化を表すすべてのデータを収集・把握してコンピュータに表示し、迅速に意思決定を行える経営手法のこと）により、常に売上とコストのバランスを把握することが運送業界の収益を上げるために重要な要素といえる。

そうした地域密着型の中堅・中小物流企業が築いてきた歴史と財産を守るため、経営のプロである大手企業が手を組むことで、経営難を打破しているケースもある。中堅・中小企業の、「地域密着」「情」などと、大手企業のコックピット経営により、収益を改善する事例が出てきているのだ。たとえば、大手物流企業は概してコンプライアンス意識が高く、未払い残業代や労働時間の超過問題、事故割合が少ないというデータもあり、中堅・中小企業が悩む人材採用に長けている。また、多様化と専門業種に強い企業ほど利益率が高くなっているため、大手物流企業もラインナップを増やすことは大きな強みになる。たとえば、アパレル・食品向けに強みを持つハマキョウレックスは、自社の物流センターの活用や、車両別・物流センター単位で収支把握とコスト管理を徹底している。自動車関連に強みを持つニッコンホールディングスは、梱包・検査だけではなく、工程管理や流通加工まで手掛けており、他の大手と比べても利益率が高い。

今後、コックピット経営を実現し、さらには、専門性の強化と拡張により業界内でのシェアを高めて「交渉力の強い企業」となることは、物流業界がドライバー不足をはじめとする諸問題を解決するための処方箋になるはずだ。

大企業の物流部門の切り離しが増加

食品や機械などの荷主となるメーカーでは、自社で物流部門や物流専門の子会社を保有

図表3-38　大手荷主の物流子会社切り離し

2014年から物流子会社の再編が加速している

2014年	JSR が子会社を 日本トランスシティ に売却
	三菱電線工業 が子会社を トナミホールディングス に売却
	岩谷産業 が子会社の一部を センコー に事業譲渡
	日立化成 が子会社への物流業務委託の打ち切り
2015年	日本電産 が子会社を 丸全昭和運輸 に売却
	ソニー は子会社を 三井倉庫ホールディングス に売却
	アシックス は子会社を 丸紅 に売却
2016年	宝ホールディングス が子会社の一部を 両備ホールディングス に事業譲渡
	オンワードホールディングス が子会社を センコー に売却
2017年	協和発酵キリン が子会社を ハマキョウレックス に売却
	JX金属 が子会社を センコー に売却
	千趣会 が子会社を 住商グローバル・ロジスティクス に売却

出所：日本M&Aセンター作成

し、さまざまな物流サービスを展開するケースが多かった。

しかしながら、自社製品をメインに仕事をしていると、物流子会社の成長には限界があるため、メーカーから切り離して、物流専門企業へ売却するケースが近年増えている。

物流専門企業のグループに入れば、荷主が増加し経営の自由度が高まる、配送拠点の増加によるメリットを享受できるといったことが期待できるため、競争力を高める有効な選択肢として捉えられている。

物流業界担当　一色翔太

製造業界動向

枠組みを超えた「変身」志向型のM&Aが増えている

製造業はGDPベースで約100兆円、全体の約2割を占める日本の基幹産業である。一つの企業が原材料から完成品までを作るのではなく、部品から半製品、組み立てまでの流れの中で部分部分を個々のメーカーが担うという、専門分業方式が一般的な形だ。各々が得意とするジャンルに特化することで、企業は様々な技術を磨き、高いレベルで提供することを実現している。それがわが国の製造業の特徴であり、多くの職人たちの創意工夫が日本の優れた技術を下支えしているといっても過言ではない。

iPod裏面の鏡面加工は新潟の町工場（技術者は5人）が請け負っていたし、NASAの国際宇宙ステーションに使われる部品も、愛媛県の中小企業が持つサブミクロン単位の優れた部品加工技術によってつくられている。

この製造業においても、M&Aは近年ますます重要性を増し、件数が増加傾向にある。それぞれの経営戦略に基づいて、M&Aを活用しながら確実に次の時代を見据えた事業体に変身しようとしているのだ。たとえば、M&A巧者で有名な日本電産は、祖業であるモーター

図表3-39　製造業のM&A件数推移（年度別）

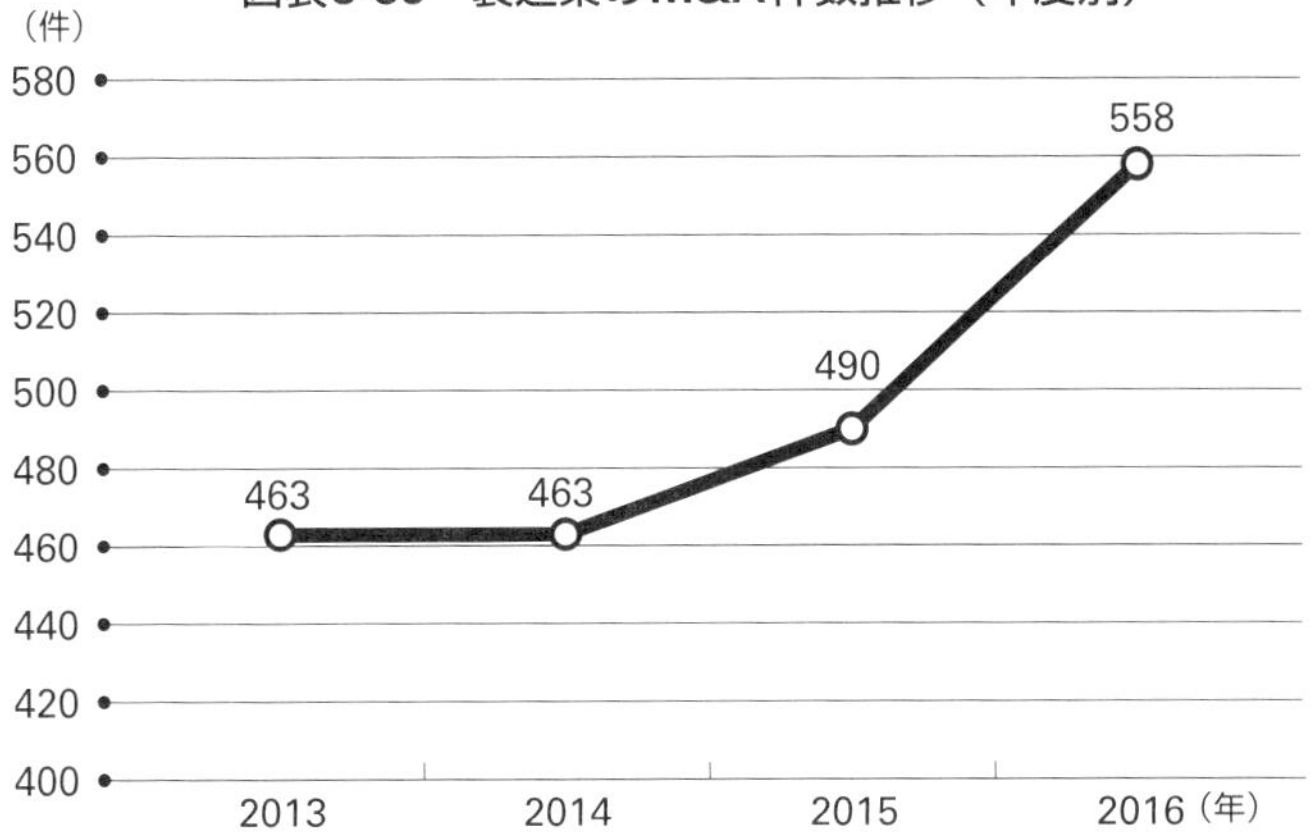

出所：レコフ調べ

技術を基軸に、従来は外注していた周辺部品を順次内製化し、一つのかたまり（モジュール）としての生産ノウハウを蓄積している。また、ベアリング製造大手のミネベアミツミは「世界一の総合精密部品メーカー」を目指して、モーター、センサー、ガラス、計測機器等の技術・製品を、M&Aによって積極的に自社に取り込んでいる。コンビニエンスストアや調剤薬局といった、規模の大小が勝敗を分ける業種のM&Aは同業同士で行われることが多いが、昨今の製造業のM&Aにおいては、上述の事例も含め、特定の製品・業界の枠組みを超えた異業種・隣接分野との連携が非常に多い。従来の延長線上でひたすら規模を追求しながら「成長」していくのではなく、商材・技術・サービスの質や幅を広げることにより付加価値を高めていく、「変身」志向のM&Aが求められているといえよう。

中堅・中小企業を襲う「世代交代」と「環境変化」の波

メディアでは大手上場企業や、先端技術を持つベンチャー企業のケースばかりがピックアップされることが多いため、正しく認識されていないことが多いが、日本の製造業のM&Aの大半は中堅・中小企業で起こっている。買収価額別のM&A件数の推移を参照すると、売上1億～30億円の中堅・中小企業の割合が依然として大きく、買収価額非公表案件を除いた算出では7割以上にのぼる（図表3-40）。

中堅・中小企業がM&Aにより大手のグループ入りを考える主なきっかけは、「事業承継問題」と「業界環境の変化」にある。帝国データバンクの調べによると、経営者の後継者不在率は2016年の時点で全体の70%にのぼり、製造業も例外ではない。いわゆる昔の町工場は近くに社長の家があり、子供が工場に頻繁に出入りする中で番頭さんや従業員と慣れ親しみ、自然と家業を継いでいくケースが多かったが、昨今は子供が家業を継がず都心に就職して親元を離れるケースが一般的になりつつある。「番頭さんを次期社長に」と想定されている場合もあるが、数億円以上する会社の株を一人の従業員が買い取るのは、当然ながら現実的ではない。相乗効果が見込める会社に引き継いでもらうという選択肢が、オーナーやその家族、従業員にとってベストと判断されるほうが自然だ。

また、どんなに高い技術力を持っている会社でも、業界環境の変化によって自社製品の需要が急激に減ってしまう可能性がある。自動車業界であれば、電気自動車が年々普及し、将来的に既存のエンジン車が全てそれに置き換えられる日が来るかもしれない。必要な部品はエンジン車だと約3万点だが、電気自動車は約2万点で、約3分の1の部品が不要になると言われている。そうなると、エンジン回りの部品をメインで扱っている中小企業は急激に仕事が減り、深刻な打撃を受けるだろう。

会社を永続させるためには、そういった時代の変化に振り回されない確固たる基盤をM&Aによって築き

図表3-40　製造業M&A件数推移（買収価額別）

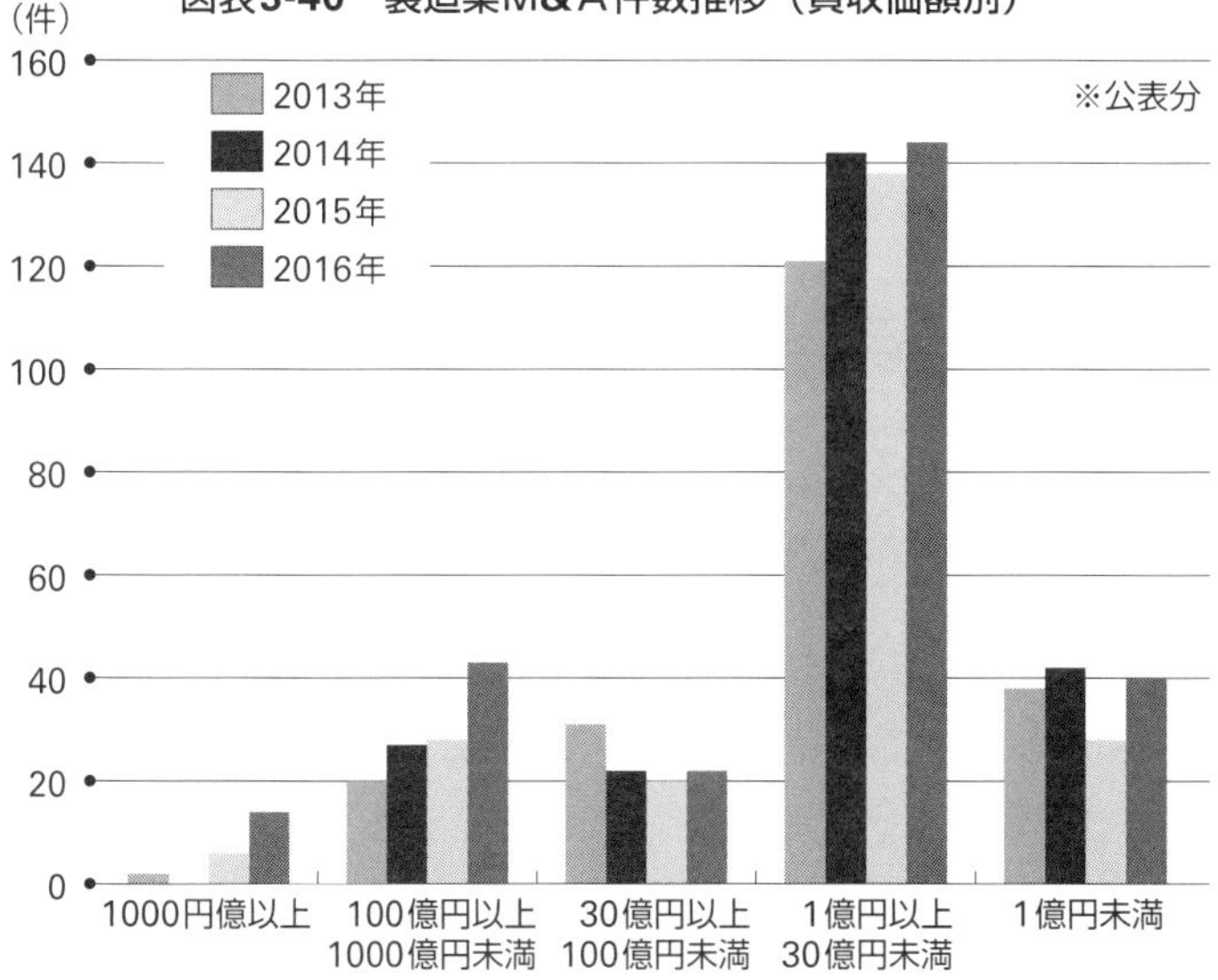

出所：レコフ調べ

上げるという方法が、非常に有効である。

M&Aを行うにあたり、経営者が会社にかける想い

M&Aは単なる事業承継の手段と見られがちだが、そうではない。会社、従業員のより良い未来を創っていくための経営戦略であり、一つひとつのM&Aには、経営者が会社にかける様々な想いが込められている。

自動車の電子制御機能に関わるテスターを開発・販売しているペリテックのケースを紹介しよう。同社は年商約4億円、従業員40名程の企業（2011年M&A実行当時）で、事業承継問題を契機に、ジャスダック上場の半導体装置・電子材料の専門商社であるテクノアルファ（東京都／年商約30億円）とのM&Aを行った。

社長は当時61歳で、息子が2人、娘が1人いたが、それぞれ大手企業に就職しており会社を継ぐ意思はなく、また社長自身も社員のモチベーションの維持の観点から世襲制を好ましく思っていなかったという。そのような事情により、事業承継のためにM&Aを考えることになったのだが、社長はM&Aを行うにあたり、二つの想いを当初から抱いていた。「社内から次の経営者を生み出す体制を整えたい」「営業力を強化してほしい」という2点である。

社長はM&A後すぐに引退することは考えておらず、「現社員の中から社長を輩出すべく、次世代の幹部育成を自らが積極的に行っていきたい。そのためのバックアップをぜひ譲受企

図表3-41　ペリテック社　売上高直近推移

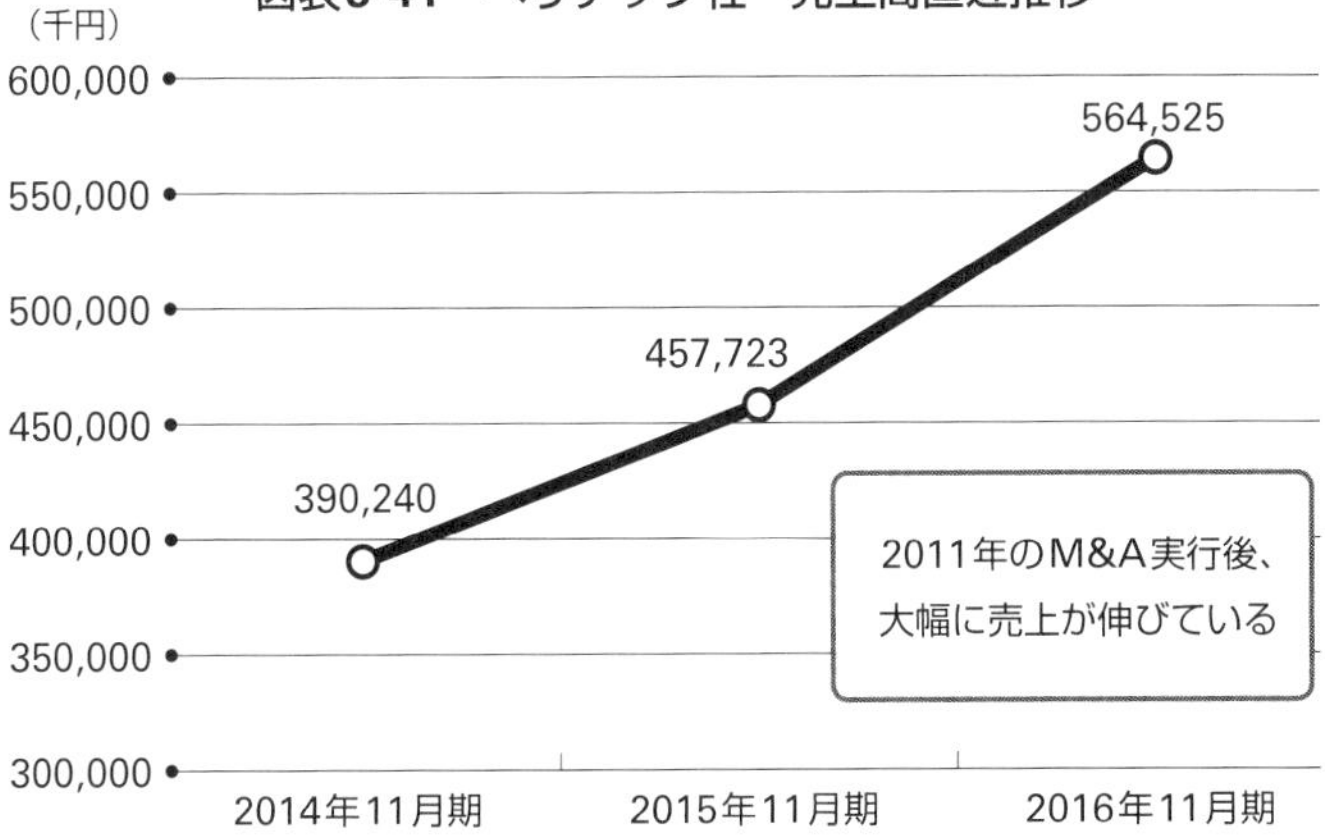

出所：テクノアルファ社 IR 資料より日本 M&A センター作成

業にお願いしたい」と考えていた。またペリテック社は高い技術を誇っていたが、営業の弱さが悩みの種であった。

結果として、テクノアルファとのM&Aにより、経営面・育成面でのバックアップと、専門商社の強みでもある幅広い販路を手にすることで、ペリテック社は課題を解決することが可能となった。一方で、テクノアルファ社は「メーカー機能を持つ技術商社」への舵取りを積極的に進めている最中であり、このM&Aにより大きく歩を進めることとなった。

M&Aを契機にペリテック社は現在も大きく成長しており、テクノアルファ社IR資料によると期を追うごとに順調に売上高を伸ばしている。

中小製造業が勝ち残るための条件とは

M&Aという選択肢は、会社を成長させるための方法の一つだといえるが、日本の製造業はこれからの時代を生き抜くために、どういった方向に舵取りしていくべきなのだろうか。

営業利益率35%かつ無借金経営という、驚異的な優良企業がある。町工場の切削機械に使われる「コレットチャック」など金属部品の設計・製造・販売を行う、エーワン精密という会社だ。同社の強みは、「他社では1週間近くかかるところを1日で届ける」という圧倒的な短納期にある。コレットチャックという部品は、それぞれの機械ごとに形状が異なることから必然的にオーダーメイドとなり、納期がかかるうえに、工場側としては予備品も持ちづらい。しかし、万が一壊れれば機械を動かせなくなるため、価格よりはスピードが優先される。

このことに着目したエーワン精密は、工程管理や納期管理といった他社では当たり前の作業を一切やらず、注文を受けてから5分で作業に取り掛かる。FAXでの注文書はそのまま作業指示書として製造現場に直行させるなど、無駄な管理作業をとことん省いて即生産・即納を実現しているのだ。「スピード」という付加価値を武器に、同社は今まで値引きをほとんどしたことがないという。ゆえに圧倒的な利益率を継続して生み出し続けている。

サービス面での付加価値創出が課題とされる中、同社の経営手法はこれからの日本の製造業がいかに勝ち残っていくのかを考えていくうえで一つのヒントとなるだろう。

インダストリー4・0の象徴的な事案

第四次産業革命（インダストリー4・0）の本質は「つながること」だと言われている。

2007年に世に出されたiPhoneは、この10年で人と人のつながりのあり方にイノベーションをもたらした。

次の10年はものづくりにおいても「つながること」によるイノベーションが進んでいくだろう。その波はどこからくるのか。先端技術と投資資金が潤沢な大手が先導し、中小企業はその波に飲み込まれるしかないのだろうか。

「つながる町工場プロジェクト」という取り組みをご存じだろうか。東京の下町の板金加工を専門とする、今野製作所、エー・アイ・エス、西川精機製作所の3社が、法政大学の西岡靖之教授が開発した生産システムを共同で導入し、インターネット上で3社のデータを共有するというものだ。同業の板金加工業者でありながらも強みが異なる3社が協同で案件を提案・受注し、各々の長所を生かし合うことで、あたかも3社がひとつの工場であるかのように機能することとなった。旧来の下請け体質から脱却したこの取り組みは、インダストリー4・0の一つの象徴的な形であるといえる。

単独で生き残るのか、他社と連携して生き残るのか。時代の流れに伴う経営者の意識は後者に傾きつつある。自前主義を脱し、競争するのではなく相互連携しながら業界をけん引していくことが、経営者一人ひとりの果たすべき役割なのではないだろうか。

製造業界担当　太田隼平

第4章

M&Aで「第2創業」を実現する

「おめでとう」といわれるM&Aで未来へつなぐ

競争よりも協調

日本という国の経済が、成長期から成熟期に移行するなか、多くの業界において、企業数が過剰気味になっている。結果、どんどん小さくなりつつあるパイを、たくさんの企業が奪い合う形になり、過剰な価格競争が展開されている。それは本来、企業が得るべき適正な利益の減少を引き起こし、企業の体力を奪う結果を招いている。

同業、あるいは異業種においても、「顧客」が同じであれば、競争よりも協調を選択するべきだ。特に、経済が成長期ではなく成熟期、あるいはその先に待っている衰退期に移行するのが自明であるならば、なおのこと協調を選ぶべきだろう。「自分のところだけで」優れた商品・サービスを開発し、顧客を総取りするのではなく、「皆と一緒に」付加価値の高い商品・サービスを作り出し、自分の会社が貢献した分の利益分配を受ける、というのが、成熟期から衰退期において、結果的により多くの企業、そこで働く従業員が生き残っていくうえで必要になってくるのだ。そして、「協調」するための一つの選択肢に、M&Aを用いたグループ化がある。

たとえば、スーパーマーケットやドラッグストアがオーバーストア状態になり、競争環境が厳しくなると、価格競争が激化する。それは一見すると、顧客にとってメリットがあるように思えるが、利益幅が落ちてくると、社員の給与を下げざるをえなくなり、中期的には新しい店舗を出店し、新商品を開発したりする力が失われてしまう。まさにデフレスパイラルだ。そのうえ経済の成長率が落ちてくれば、なおのこと、その問題点が際立ってくる。

だからこそ、競争よりも協調が重要なキーワードになってくるわけだが、もう一歩、考え方を進めて、より良い協調関係を築いていくためには、同業種ではなく異業種の協調が効果的だ。

たとえば日用雑貨を扱うドン・キホーテは、経営がうまくいかない総合スーパー（GMS）の長崎屋やユニーに出資し、再建を図っている。多くの日本企業は、「過去の延長線」、「過去の成功体験」から、なかなか脱却できない。だからこそ、顧客は同じという前提条件は付くものの、異なる業界が手を結ぶことによって、新たな展開を目指せるようになる。

売上が停滞し始めると、企業価値は大きく下がり、何よりも社員の士気が大幅に低下する。同じ志を持つ企業であれば、競争するのではなく、「強者連合」となるための協調関係を持ち、顧客に焦点を当てた経営に力を入れるのが望ましい。

だからこそM&Aなのだ。M&Aによって強者連合を作り上げる方が、小さな企業単位でしのぎを削るような競争を展開するよりも、特にこれからの日本経済にとっては、はるかにメリットがある。

M&Aは、会社を譲渡する側と、買う側がいて初めて成り立つが、両者の違いは、「資本」

をどちらが持つかという程度だ。譲渡する側からすれば、自分たち単体の時に比べて、より強い資本の下でビジネスを展開できる。また買う側にとっても、自分たちが欲しかった人材、ビジネスを短期間で自社に取り込むことができる。当然、買う側からすればシナジーが期待でき、将来の業績に対する期待感も高まる。結果、経営者や社員だけでなく、株主や取引先など、幅広いステークホルダーに喜んでもらえるようなM&Aが、近年、徐々に増えてきている。

過去10年間で定着した「事業承継問題」の解決策としてのM&A

非上場の中堅・中小企業において、後継者問題は深刻だ。

多くの中堅・中小企業では、社長が株主であり、会社が抱える負債の連帯保証人でもある。また業績が好調で、社員が経営を引き継ぎたいと思えるような魅力的な会社の場合、株式価値は数億円にのぼる。非上場企業の経営を引き継ぐためには、それだけの価値を持つ株式を買い取らなければならないが、オーナーでもない一般社員が、それだけの資金を用意できるケースはごく稀だ。連帯保証も同時に引き受けなければならないが、数億円の借金の連帯保証は、なかなか引き受けられるものではない。そもそも経営能力があるかといえば、オーナー社長とナンバー2では求められるものが全く違い、難しいことが多い。

では、息子や娘、親族が株式を引き継ぎ、後継者になるかというと、これも現実問題として大幅に減少している。ほんの20年も前であれば、子供、特に息子が継ぐケースが大半だった。そもそも子供がいないこともあるし、いたとしても中堅・中小の優良企業の社長の子供は優秀な大学に行き、大企業で働いていることも多い。優秀な子供がいても、大企業と中堅・中小企業では、必要とされる能力が違うため、継がせる相手としては不適切だと考える経営者が増加しているのだ。

中堅・中小企業では、「株主＝経営者」になるが、家族であれ、社員であれ、個人で株式を保有していてもビジネス上のメリットは少ない。そこで、法人に株式を持ってもらった方が良いと考える経営者が増加している。社長の経験と勘で運営してきた中堅・中小企業に、大手企業の新しい血が入り、飛躍的に成長を遂げるケースが、徐々に見られるようになってきた。

この10年間で、ファミリービジネスは資本を１００％、創業家で持つことが正しいという価値観が、現在ではより「パブリックな会社作り」を目指すべきだという価値観に大きく変わってきたのである。

親族や社員が株式を持たずに、上場企業やファンド、地域の大手企業に株式を譲渡する最大のメリットは、「第二創業」が実現できることである。中堅・中小企業のオーナー社長の勘と経験で大きくなった、組織化が未完成の企業に、「上場企業の組織力構築ノウハウ」や「ファンドの経営管理手法」、「地域の大手企業との事業上のシナジー」などを注入し、会社を生まれ変わらせることができる。大手企業と手を組む最大のメリットは、一気に業界内でのポジションをジャンプアップできることだ。たとえば、年商10億円の企業でも、業界トップの企業と手を組めば、一気に業界トップ企業として営業できるようになる。

M&Aは祝福されるものである

ここ数年、会社を譲渡すると、仲間から「よくやった! おめでとう」、社員からは「ビジネスマンとしても活躍するチャンスができ、福利厚生や給与も良くなった。ありがとう」と感謝されるという。10年前は、会社を譲渡すると、経営に失敗したと思われていたのだから、まさに隔世の感がある。

40代以下の人は、M&Aを「成功の証」と考えているが、それ以上の年代の方だと、M&Aはまだ「失敗の象徴」だと考えられていることが多いようだ。「経営に失敗した」、「買収された」、「身売りした」、「敵対的な買収で会社を乗っ取られた」という負のイメージが、M&Aにはつきまとった。これはマスコミが、敵対的な買収、企業再生の手段としてのM&A

図表4-1　主な敵対的買収事例

M&Aの中で敵対的買収の件数は0.1%以下

<table>
<tr><th>No.</th><th>時期</th><th>買収企業</th><th>被買収企業</th><th>結果</th></tr>
<tr><td rowspan="2">1</td><td>2007年</td><td>スティール・パートナーズ</td><td>ブルドックソース</td><td>不成立</td></tr>
<tr><td>詳細説明</td><td colspan="3">スティール・パートナーズ（以下SP社）による株式公開買い付け期間中に開催された定時株主総会において、買収防衛策の導入（新株予約権無償割り当て←日本企業初の防衛策）が特別決議により承認された。対するSP社は東京地裁に対し、買収防衛策としての新株予約権無償割り当ての差し止め仮処分の申し立てを行ったが即却下、同日即時抗告している。東京高裁は「濫用的買収者」と初めて認定。不成立には終わったが、SP社は約９億円の売却益を手にしたといわれている。</td></tr>
<tr><td rowspan="2">2</td><td>2007年</td><td>スティール・パートナーズ</td><td>天龍製鋸</td><td>不成立</td></tr>
<tr><td>詳細説明</td><td colspan="3">完全子会社化を提案するも天龍は断固反対し事前警告型の買収防衛策導入を発表。株主総会で防衛策が発表されるもスティール・パートナーズは出資比率を高める。しかし、筆頭株主になったのち、買収から出資拡大へと発表を変更。2010年には株式を完全売却する。</td></tr>
<tr><td rowspan="2">3</td><td>2007年</td><td>ダヴィンチ・アドバイザーズ
（現DAホールディングス）</td><td>テーオーシー</td><td>不成立</td></tr>
<tr><td>詳細説明</td><td colspan="3">ダヴィンチは経営陣の賛同を条件にTOBによる買収を提案していたが、交渉を長期化すれば企業価値が低下すると判断し賛同を待たずTOBへ。ダヴィンチはアメリカ投資会社から支援を受けるも、買付下限数に届かず不成立。</td></tr>
<tr><td rowspan="2">4</td><td>2007年</td><td>スティール・パートナーズ</td><td>サッポロホールディングス</td><td>不成立</td></tr>
<tr><td>詳細説明</td><td colspan="3">2007年2月にスティール・パートナーズは買収提案。その後サッポロ経営陣との1年間もの交渉も実らず正式に反対表明を受ける。2010年サッポロ経営陣の入れ替えを株主提案するも、委任状獲得競争で他の株主の賛成票を得られず。大株主の生命保険・機関投資家がサッポロとの取引関係上反対票を投じられなかったことが背景にあるとされる。</td></tr>
<tr><td rowspan="2">5</td><td>2013年</td><td>サーベラス・グループ</td><td>西武ホールディングス</td><td>不成立</td></tr>
<tr><td>詳細説明</td><td colspan="3">TOB終了時、発行済み株式数の3%強の応募がありサーベラスの保有比率は約36%に上昇。重要な議案に対する拒否権3分の2超を確保するものの、買付予定数の上限の44%には及ばなかった。両社は2005年に資本提携し、株式上場を目指して準備を進めてきたが、上場時期や価格、資本契約の見直しなどで意見が対立していた。</td></tr>
</table>

出所：日本M&Aセンター作成

ばかりを報道してきたからであろう。

M&Aといえば敵対的というイメージは偏見であり、実態とかけ離れている。当然のことながら、未上場企業においては敵対的な買収は100%ありえない。というのも、未上場企業の株式に関しては勝手に他人が買うことはできず、オーナーが株式を売りたくなければ売らなくてよいため、M&Aの話はオーナーが譲渡したいと考えてから話が進むのが一般的だ。上場企業の株式は誰でも買えるが、上場企業においても敵対的なM&Aはごくわずかだ。日本のM&Aの総数のうち、敵対的なM&Aはわずか数件であり、割合としては、全体の0・1%もない。実際に敵対的なM&Aが成立したことも過去ほとんどないが、大々的に報道されるのはM&Aの中でもごく一部、過去数件だ。年間で公表されているM&Aが2500件程度あり、未上場のM&Aは公表されていないが、およそ1000件とすると全部で3500件近くのM&Aが実行されている中で、年間1件の敵対的な買収があるかどうかだ。

もちろん、M&Aは失敗する場合もあるが、その多くは海外企業と文化的にうまくいかないケースだ。M&Aでは、コミュニケーションが最も重要だが、言葉の壁で会話がうまくできなかったり、通訳を入れても微妙なニュアンスが伝わらなかったりする。あるいは物理的に距離が離れていて、「同じ釜の飯」も食べずに管理することから、うまくコントロールできなくなり、失敗に終わるという事例が数多くある。

また買収価格が高すぎると、その後の経営に影響が出てくる。売主は、売却する際に、譲渡価格をできるだけ高めようとするが、残された役員や社員のことを考えて、株価の交渉をしなければならない。

新聞紙上などでは、金額だけ独り歩きしてしまうことも多いが、実際には、その背景にある契約内容が重要だ。私が仲介した100%株式を保有するオーナー経営者は、譲渡時の株価を下げて社員のみんなに賞与を出したいと言うので譲渡価格を1億円下げた。その分、40名の社員に250万円ずつ賞与を感謝の気持ちとして出したというケースもある。

高く売れれば成功というのではなく、残された社員にとっても望ましいM&Aとするためには、適度な価格で交渉することが重要だ。「三方良し」をバランスよく考えられる「本物の経営者」は、引き際がこの上なく綺麗である。

また、会社の買収や売却を考えているのであればぜひ、買主、売主、アドバイザリーの担当者など、そのディールに関わる人たちの「背景」や「行動」を、よく調査していただきたい。「類は友を呼ぶ」というが、怪しい人間の周りには怪しい人間が集まっているものだ。

M&Aの諸手続きが終わった後、景気などマクロ要因以外の事情を引き金にして破たんしたり、係争関係になったりしたケースを調べると、いくつか共通点がある。たとえば、M&Aの契約書が数枚しかなく、弁護士が入ったとは思えないようなケース。友人同士で取引を行った結果、契約内容が詰め切れなかったケース。アドバイザリー会社の担当者が手数料欲しさに強引に進めたケースがそれだ。

買収先や譲渡先の決算書をよく読み込むことは当然だが、本質を理解するためには、現在の状況だけでなく、なぜその事業を行っているのか、その背景は何なのか、社長やその周囲にはどういった人物がいて、どのような人生を歩んできたのか、などをよく知ることが、M&Aで失敗しないための条件と言える。

IPOかM&Aか？ベンチャー企業のイグジット

ベンチャー企業の上場が相次いでいる。２０１５年は89社、２０１６年は81社、２０１７年はおおよそ70社（TOKYO PRO Marketを除く）となりそうだ。ここ数年間、ベンチャー企業の資金調達も盛んになり、２０１７年も市場環境は非常に良好だ。ＡＩやフィンテック関連の上場が多い。

スマートフォンで使える自動家計簿アプリで５００万人の利用者がいるマネーフォワードなど、新規上場企業の多くはＩＴ企業だ。雑誌からインターネットへ媒体を変えてきた求人広告市場や、ガラケーからスマホに市場を変えてきたゲーム事業など、これまで多く見られてきたＩＴ企業だけでなく、たとえば海外で言うとUberのような、旧態依然とした事業に、テクロノジーを導入することで新しいビジネスを生み出した企業が評価されている。

成長期の企業、つまりベンチャー企業の経営者にとって、株式上場は一つの夢である。しかし、上場することによって、「信用」や「資金」を得ることはできても、「事業」としてのポテンシャルが増大する訳ではない。さらに、オーナー経営者は、上場してもすぐに引退したり、自分が保有している持株を全部売却してキャッシュ化したりすることはできない。

経営者にとって、自分の持株をキャッシュ化するという経済行為は、実は上場でもM&Aでも同じ結果になる。ただ、前述したように昔は、M&Aによって自社を売却することに対するイメージが非常に悪かったため、選択肢に入らなかったのだが、ここ10年で、M&Aに対する認識が大きく変わってきた。

オーナー経営者の個人的な理由で譲渡をするだけでなく、「業界環境」を見抜き、「将来」の飛躍的な成長を期して会社を譲渡することが増えてきたのだ。今まで、オーナー経営者が事業を譲渡する場合は、60歳から65歳で引退するタイミングに合わせて行われるのが普通だったが、現在では、40歳の経営者でも、企業としてタイミングを見計らい、次のステージに入るために譲渡を決断するケースが増えているのだ。これから10年間で、「成長期」にある優良企業が、「成熟期」にある大企業に事業を譲渡するケースが、今以上に増えていくものと予想している。

この場合、オーナー経営者は、自分が保有している株式を譲渡するため株主ではなくなるが、100%子会社の社長として経営に携わることも多い。かつて会社を譲渡することは、

「経営者としての引退」を意味していたが、現在では、会社を譲渡することは、上場企業の子会社になり、「パブリック」な会社にしていく意味合いが強くなってきた。アメリカではごく当たり前のことだが、日本でも会社をオーナー家のものにするのではなく、社会性の高い会社にしていこうと考える経営者が増えている。

なお、海外ではベンチャー企業の8割程度は、ＩＰＯではなくＭ＆Ａによる売却を選択している。出資したエンジェル投資家やベンチャーキャピタルにとっても、投資資金の回収を早められるというメリットがある。

また、Ｍ＆Ａによって大手企業グループに入れれば、資金調達や信用力はＩＰＯと同程度のメリットがあるのに加え、事業面では大手企業グループのインフラが利用できたり、経営者は自身の持株売却によって得た現金で、別なビジネスを新たに立ち上げたりもできるので、これを「第二創業」と考えて、提携を選択する起業家が増えている。たとえば、すでに海外展開している企業と提携すれば、グローバル展開のスピードアップも図れる。今後はアメリカのように、ＩＰＯよりもＭ＆Ａによる事業譲渡を選択する比率が高まっていく可能性がある。

会社を売って感謝される時代に
――「買いたい」会社にする

会社を経営するうえで最も重要なのは、企業価値を高めることだ。企業価値が高い魅力的な企業には優秀な人材が集まり、さらなる成長が期待できる。誰もがそれなりの対価を払ってでも「買いたい」と思ってもらえる会社になる。

日本が成長期だった1980年代のバブルピークまで、多くの日本企業は、「売上」を拡大させ、シェアを取ることが企業価値を高めるうえで極めて重要だと考えていた。

そういう時代から、バブル経済の崩壊を経て低成長時代に入り、売上よりも「利益」を追求する時代へと移り変わっていった。さらに現在では、多くの企業がキャッシュリッチになったものの、その金の投資先が見つからずに苦労するなか、資本をいかに有効に活用しているかを示す「ROE」を追求する時代へと変遷していった。

現代において、「企業価値」が高い会社は、具体的にどのような要件を兼ね備えているのだろうか。企業が存続し発展するための5大条件は、

- 社会性
- 安定性
- 成長性

・収益性
・独自性

になる。この五つの要件を高いレベルで兼ね備えていることが重要だ。

社会性があることが、企業としての本質的な価値となり、そこに安定性、成長性、収益性、独自性といった四つの要件が加わり、企業価値を支える。効率ばかりが良くても、安定性が損なわれるし、安定性を重視し過ぎると成長性が損なわれる。独自性がなければ、価格競争に巻き込まれ、中期的な企業価値が損なわれる。

電力や通信、自動車など、社会のインフラとなり、人々の生活に欠くことのできない企業の価値は高い。中堅・中小企業の経営者は、世界や日本全体ではなく、特定の地域や業界などとの関係性において、インフラとしての存在感があるかどうかを把握し、自分の会社を売却する時、高い価値が付くかどうかを常に意識しながら、日々の経営に邁進するべきだろう。

また、「企業価値」が高い会社は、常に以下の七つの法則を意識している。

・基本理念を共にしている適切な人物が運営している
・経営計画の予測と着地の乖離率が低い
・入社人数が前年より多く、特に新卒採用を継続して拡充している
・売上高の伸び率が業界上位10社と同程度あり、利益率が高い
・決算資料が正確であり、付随資料も整っている

・社長への依存度が高くない
・創業の理由、背景に社会性がある
それぞれについて、簡単に説明しておこう。

【基本理念を共にしている適切な人物が運営している】

創業者がつくった企業価値の高い企業を、より成長・発展させるには、共通した基本理念を堅持する必要がある。

ところが、企業は成長路線に入ると、規律が緩んでくる場合がある。

高い企業価値を維持している企業には、基本的な価値観を共にし、スキルよりも正しい労働観を持ち、それにそって行動できるメンバーが集まっている。また高い企業価値は規律が緩むことによって一瞬にして崩壊することを覚えておかなければならない。

企業の衰退は、過去の成功体験を忘れられず、過剰にアクセルを踏み込んだ、言うなれば「行き過ぎた状態」を原因としているケースが多い。規律なき人材採用から、規律なき組織文化が生まれ、それを守るための派閥の存在などが、衰退を辿る第一歩となる。ビジネスは過去の延長線ばかりになり、次第に本来の目的を忘れてしまう。

本来、為すべき組織の目的や、それぞれの役割を全社員で認識し、その目的の実行のために、「正しい行いをしているかどうか」を常に確認し続けることが、成長・発展をし続ける組織を生むのだ。

【経営計画の予測と着地の乖離率が低い】

中堅・中小企業は、経営計画を立てずに行き当たりばったりで経営をしているケースが非常に多い。その理由として、そもそも成長を目的としていない、あるいは業績のブレが激しいから計画自体に意味がないということを挙げる経営者が多い。

しかし、経営とは特定の目的を達成するために、メンバーが集まって成し遂げるものなので、経営計画がある企業の企業価値は、経営計画がない企業の企業価値を、大きく上回るのが普通だ。

また、予測と実際の数字の乖離にも注意したい。経営計画の予測値と、決算の数字との乖離が小さいほど、企業価値は高まる。特に、決算の数字が計画値を下回らないことが、何よりも肝心だ。

【入社人数が前年より多く、特に新卒採用を継続して拡充している】

採用は組織が拡大し、発展するうえで重要なピースだ。企業価値の高い会社ほど、新卒採用の割合が高い。

経営の永続性があると思われる企業を見ると、その多くが新卒採用を行っている。逆に新卒採用の割合が低い、あるいは全くない企業には注意が必要だ。この場合、経営の永続性に疑義がある場合が多い。

また年々、少しずつ採用人数を増やしている企業は、実力のある証拠と考えてよい。採用人数の計画を見ると、これから企業価値が上がっていくのか、それとも下がっていくのかがよく分かる。

【売上高の伸び率が業界上位10社と同程度あり、利益率が高い】

株価を算出するうえで、売上高は重要ではない。

たとえば、今の株価が割高なのか、それとも割安なのかを計る指標として、ＰＥＲ（株価収益率）やＰＢＲ（株価純資産倍率）がある。

ＰＥＲは利益に対して何倍まで株式が買われているのか、ＰＢＲは純資産に対して何倍まで株式が買われているのかを表している株価指標である。いずれの株価指標も、売上高は比較対象になっていない。つまり売上高と株価には相関性がないということだ。

しかし、売上高の伸び率が業界の上位企業に比べて低い場合は、シェアを少しずつ失っていることを意味する。シェアが低くても、しばらくは「小さくても優良企業」と見てもらえるが、いずれ仕入れ値に差が出てきたり、業界の中での影響力が落ちてきたりする。小さくて強い優良企業だったのに、経営体力がある大手企業が、採算度外視で競合店舗を近くに出してくれれば、大半の消費者はそちらを選ぶ。

マーケットの鍵を握るために売上は重要だ。また売上が増えないと、社員も増えない。新しい人材が入らず、組織が膠着化《こうちゃくか》し、時間の経過とともに企業価値が奪われる。

利益率はより重要な要素だ。利益率が業界平均よりも高い場合、経営者の経営能力が高いと判断できる。利益率が毎年改善しているのは、少しずつ組織が強くなっている証拠でもある。

なかには、優秀な人材を集めるため、高い給料を提示する企業もあるが、高い人件費負担で人を引き留めても、いずれ組織全体に歪みが生じるので、要注意だ。

【決算資料が正確であり、付随資料も整っている】

決算書には経営者の性格や戦略が反映されるため、決算書を見れば、現時点での経営方針が理解できる。決算書に不明瞭な点が少なく、経営者が決算書のすべての勘定科目について理解度が高いことは、企業価値が高い企業の特徴といってもよい。たとえば、不良在庫や回収不可能な売掛金などがたくさんあるケースや、ゴルフ会員権などオーナー経営者のプライベートのものが決算書に多く入っている場合、企業価値は高く評価されない。どの在庫がどの程度あるのか、どこにいくらずつ借入金があるのかなど、全ての項目について、経営者が完璧に把握しているのが理想だ。

さらに、借入金はいくらまでにするべきか、在庫はどの程度が適正水準か、といった財務についても、勘定科目ごとに明確な方針がある企業は、さらに企業価値が高い。中堅・中小企業だと、契約書や資料が整理されていないケースが散見される。株主名簿、リース契約、不動産契約、主要取引先との契約など、あらゆる資料を綺麗に整理しておくことをお勧めする。

【社長への依存度が高くない】

社長への依存度が低いかどうかも、企業価値を計るうえで重要なポイントだ。たとえば、社長が自分自身で、「自分が抜けたら組織がばらばらになる」、「社員や顧客が離反する」などと得意げに話しているケースは危険だ。まだ個人事業の域を出ず、「組織」が成り立っていない証である。組織を完成させ、権限委譲がどの程度進んでいるかは、経営の永続性を見るうえでも重要な判断基準になる。

経営者への依存度は、多くの企業における課題だが、特定のメンバーへの依存も大きな経営課題となる。専門職の場合は、特にその傾向が強い。

近年では、アルバイトの人材確保にも困る企業が出ているが、人材不足は、その企業が持つ魅力の欠如であり、経営力の問題に帰着する。企業価値を高めるには、社長に依存しない組織を確立し、より多くの人が働きたいと思えるような、魅力的な組織にする必要がある。

【創業の理由、背景に社会性がある】

これまで100件以上のM&Aアドバイザリーを担当してきたが、成功する企業や失敗する企業には、明確な成功要因がある。その事業を始めた「経緯」、社長や役員、社員の「生きざま」、「価値観」を徹底的に理解すれば、長い目で見て成功できる企業かどうかが見えてくる。もし、M&Aで買収を考えているのであれば、会社を売却しようとしている経営者に、次の5点を徹底的にヒアリングすることをお勧めする。

- どういった価値観を持っており、それはどのような経緯で成り立っているのか
- どういったキャリアを築いており、それはどのような理由で築いてきたのか
- 経営陣が過去どういった人物と付き合ってきたのか、現在はどうか
- 過去に義理を大切にし、仁義を重んじてきたかどうか
- 経営者や役職員が個人的な問題やトラブルを多く抱えていないかどうか

現在は過去の積み上げだ。したがって、過去にはすべてのヒントが隠されている。中学校・高校や大学などでどのような環境で育ったか、またそれを本人がどのように捉え活かしてきたのか。就職先はどこで、何をきっかけに起業したのかという企業のルーツは、長期的

に企業がどのような方向にいくかを左右する。人付き合いも重要な側面だ。顧問税理士や顧問弁護士、コンサルティング会社など、誰と付き合っているのかということに、企業価値を計るうえで重要なヒントが隠されている。先にも言ったが、「類は友を呼ぶ」のである。

経営戦略は経営陣や社員が考えることであり、その戦略には経営陣の「個人的な背景」が色濃く表れる。ところがM&Aの際に、現時点の数字などにばかり拘泥し、「過去を通じて未来を見る」という作業が行われていないことがある。

企業価値の計算方法に「DCF(ディスカウント・キャッシュ・フロー)」がある。将来の期待収益から、株式の現在価値を算出する方法だ。その場合、数年後の利益がどの程度になるかを算出するのだが、目先の企業価値を高くしたいがために、現在や未来ばかりを良く見せようとしている企業を買うと、恐らくそのM&Aは失敗に終わる。一歩一歩、誰にでも信頼される「背景」を積み上げて、現在を作っていくことが大事なのだ。

Interview

優良ベンチャー企業経営者がIPOではなくM&Aを選んだ理由とは

バイザー株式会社 前社長

米田昌弘氏に聞く

元・バイザー株式会社 代表取締役 CEO
2007年バイザー株式会社設立。ベンチャービジネスコンテストで最優秀企業賞など数多く受賞。2015年9月クラウドによる高速一斉メール配信APSサービス「すぐメール」実績が国内外6000団体へ。順調に企業を成長させ、上場の準備をしながら様々なシナリオを考えた結果、2016年8月に岩手県の株式会社ワイズマンへ株式を譲渡しM&Aを実現。2016年8月代表取締役CEOを退任。現・morrow合同会社 CEO

IPOでは時間がかかると思った時に考えたM&Aという手法

私が10年前に立ち上げたバイザー株式会社は、「すぐメール」という高速一斉メール配信サービスを、国や自治体を中心に提供してきました。2016年8月に株式会社ワイズマンと資本提携したのと同時に、私は代表取締役CEOから退きました。

高速一斉メール配信サービスのアイデアは、自分の趣味であるサッカーやフットサルの仲間との間の出欠連絡ツールを作ったのがきっかけです。時を同じくして「個人情報保護法」が施行され、学校の「緊急連絡網」が無くなったことも、私たちのサービスが広がる後押しになりました。

また、公共機関が提供しているサービスには、子育て支援、高齢者支援など、素晴らしいメニューがあるのに、それを幅広くメッセージングする手段を持っていませんでした。そこで、私たちは国や自治体を中心にセールスし、サービスを拡充させることができたのです。現在、自治体市場における高速一斉メール配信サービスでは、トップクラスのシェアを持っています。

2007年に会社を設立して5年目、サービスが自治体や警察、銀行、学校というように広がり始めるなかで、IPOを真剣に考えるようになりました。理由は、より会社を発展させようと思ったからです。

ただ、そこからさまざまな苦闘が始まったのも事実です。個人的には、案件中心に仕事を拡大させることばかり考えていたのですが、ＩＰＯするとなると、会社の管理体制をきちんと構築しなければなりません。そこに時間を割かれるようになり、管理部門の人材を外部から登用したりもしました。

こうしてＩＰＯへの準備を進めていったのですが、実は創業から10期目を迎えるにあたり、ＩＰＯに向けてのスピード感という点で、やや遅れている感じがしました。どのようなサービスも、10年は続かないと言われるなかで、その「旬」を意識すると、ＩＰＯまでさらに2年という期間を要するのは、どうなのかと思ったのです。

もっとスピード感をもってビジネスをドライブさせていくためには、ＩＰＯ以外の選択肢も視野に入れるべきではないか。そう考えた時、Ｍ＆Ａという方法もあるのではないかというアイデアが浮かんできました。バイザーのビジネスを伸ばしてくれる会社を探し、そこに事業を譲渡しようと思ったのです。

成長ストーリーを描ける売り先か

ＩＰＯとＭ＆Ａのどちらが良いのか。その比較、選択は非常に難しいところがありましたが、時間を考えると、圧倒的に有利なのはM&Aでした。

一般的にIPOする場合、最短でも準備に3年はかかります。あまり急ぐと、コンプライアンスに問題が生じたり、会社の成長が鈍化したりするケースがある一方、慎重になり過ぎると、今度はせっかくのチャンスを逃してしまうことにもなりかねません。この点、M&Aならば成立までに要する時間が短く、かつIPOに比べて、社内の管理体制の構築など余計なところにコストと手間をかけずに済みます。ちなみにバイザーのケースで言うと、半年間でM&Aの手続きが終了しました。

とはいえ、M&Aの場合、他の会社に買ってもらうわけですから、売り先となる会社を慎重に選ぶ必要があります。

まず、単純に人が欲しいという会社はお断りしました。

次に、バイザーのビジネスはクラウドサービスなので、そこに下地があり、面白い成長ストーリーが見られる可能性があること、会社を売却したら私は引退するつもりだったので、その条件をのんでくれること、バイザーに残った社員のケアをしっかりしてくれることが、私が相手企業に求めた条件です。

それに加えて、買ってくれる側に対して求めるの

もどうかと思ったのですが、誠実な会社であることも大事でした。小ずるかったり、経営者がワンマンだったりする会社には、こちらも売りたいとは思いません。

このように、さまざまな条件を付けていたので、良い相手に出会えるのは難しいと思っていたのですが、それでも半年で契約成立まで漕ぎつけられたのは、きっと運が良かったのでしょう。実際、M&A後も残った社員に対する待遇は、確実に上がりました。この点については、本当にM&Aに応じて下さったワイズマンさんに感謝しています。

社会に貢献できる会社・ビジョンを残していく

結論として、私はM&Aを選んで良かったと思っています。それは、もう100%そうだと言ってもいいでしょう。

IPOのメリットは、名誉や夢が得られることだと思います。それこそ、自分が上場企業の社長になったとか、子供が誇りに思ってくれるとか、そういう類のものです。

一方、M&Aに感じたメリットは、IPOに比べて経営者が確保できるキャッシュが潤沢であることです。IPOは、確かに自分の保有株に対する資産価値が認められるものの、経営の支配力を考えると、保有株を売却しにくい面があります。実際にキャッシュを手にして、たとえばそれを次の起業に役立てたいというような意向を持っている人であれば、迷わずM&Aを選ぶべきです。

それに、会社を売却したからといって、自分の立ち上げた事業が無くなるわけではありません。譲渡した先の企業がビジョンを引き継いでくれ、そのパーツとして社会に残っていくものですし、またそういう企業を譲渡先として選ぶべきでしょう。

会社を譲渡して1年が経ちました。この間、周りの方の応援があり、たまたま新しいビジネスパートナーと出会えたこともあり、これまでとは違うメンバーで、また新しいチャレンジをしてみようと考えています。

経営者とは、どんどんアイデアを生み出すことができる生き物だと、私は思います。そういう前提で経営者を考えた場合、もちろん自分の会社をIPOさせて、ひとつの領域をとことん突き詰めて成長させていくのもひとつの生き方でしょう。一方で、ひとつのアイデアを形にした時点で会社を売却し、そこで得たキャッシュで次の会社を立ち上げ、それまでとは違ったアイデアを形にしていくことを繰り返して、社会に貢献できるパーツを、それこそ国内外のさまざまなところに残していくのも、経営者としてのひとつの生き方ではないかと、今では思っています。

Interview

ベンチャーキャピタリストから見た、これからの日本に必要なこと

株式会社グロービス・キャピタル・パートナーズ　マネージング・パートナー

仮屋薗聡一氏に聞く

慶應義塾大学法学部卒、米国ピッツバーグ大学MBA修了。株式会社三和総合研究所での経営戦略コンサルティングを経て、1996年、株式会社グロービスのベンチャーキャピタル事業設立に参画。1号ファンド、ファンドマネジャーを経て、1999年エイパックス・グロービス・パートナーズ設立よりパートナー就任、現在に至る。2015年7月より一般社団法人日本ベンチャーキャピタル協会会長を務める。

VC創業期と業界の現状

グロービスの創業者である堀義人がアメリカのビジネススクールで学んだ時、日本が産業発展をしていくなかで足りないものが三つあることに気付いたそうです。

第一が、プロフェッショナルなビジネスパースンの教育。第二が、経営のナレッジに関する研究、そして第三が、リスクキャピタルの供出者です。これを総じて、堀は「人」、「知恵」、「金」と言っていました。この三つを日本に根付かせるため、堀はアメリカの留学から帰国して、グロービスを立ち上げたのです。

このうち、もっとも小さな資本でできるのが「人」の部分で、これが1992年に立ち上げたグロービス・マネジメント・スクールです。次が94年に立ち上げた出版事業で、ハーバードのMBAが行っているような、さまざまなケースを集めた事例集を作ろうとしたのですが、やはり日本のケースも必要だということになり、日本の事例を中心に集めたもので、出版をするようになりました。そして、96年に「グロービス・インキュベーション・ファンド」を立ち上げ、ベンチャー企業に対するリスクキャピタルの提供をスタートさせました。

当時は、東証マザーズはもちろん無く、今のジャスダック市場が店頭市場と呼ばれていた頃です。つまりベンチャー企業にとっての上場市場は存在しておらず、資金調達は極めて困難でした。そこで私たちは、アーリーステージの企業に役員を入れ、経営戦略の立案からインプリメンテーションまで、フルサービスで提供できるベンチャーキャピタルとして、このファンドを立ち上げたのです。

時を同じくして、日本でもインターネットブームが到来し、それに乗って、われわれもさまざまな投資案件を実行していきました。ただ、そのなかで世界的にはＩＴバブルが崩壊し、リーマン・ショックが起こりました。一方、日本に関して言えば、２００６年のライブドアショック、２００８年のリーマン・ショックの余波、そして２０１１年の東日本大震災によって、ＩＰＯ市場が物凄い勢いで縮小し、業界全体が半減しました。

このように非常に厳しい時代を経ましたが、今は日本国内のベンチャーキャピタルの投資額が１５００億円強くらいまで増えています。ただ、一方で中国やアメリカは、投資額で言うと3兆円、あるいは7兆円規模にまで膨らみました。このスピードと投資額の違いを、日本のベンチャーキャピタリストは、理解しなければなりません。

トップベンチャーキャピタリストが見た成長企業に必要なもの

これは日本企業に限った話ではなく、それこそ世界的な動きになりますが、中堅企業、老舗企業にとって、これから二つのチャレンジがあります。それはデジタル化とグローバル化です。

まずデジタル化ですが、これはビジネスプロセスに対して単にＩＴ技術を導入するだけではなく、ビジネスプロセス自体を変革させる、企業変革が必要になります。

次にグローバル化ですが、これは言語の問題だけでなく、さまざまなネットワーク、各マーケットにおける知見などを織り交ぜながら判断していく、極めて複雑な経営のナレッジ、能力が必要になってきます。

そういう状況に直面した時、中堅企業、老舗企業はどのように対応すればよいのでしょうか。

何もしなければ、座して死を待つばかりです。デジタル化とグローバル化への対応は、その企業がたとえ潤沢なキャッシュを持っていて、自社で人材及びノウハウを調達し、そのプランニングを立てられるとしても、アメリカ企業や中国企業は、さらに速いスピードと投資額で攻めてきます。恐らく、日本企業がデジタル化とグローバル化にこれから注力したとしても、アメリカや中国に勝つことはできないでしょう。

そこで今、何が起きているのかというと、プライベートエクイティファンドが投資先会社の30％、40％の議決権を握って、その会社の経営陣に加わり、世界中の業界における知見やプラクティスなどを、投資先企業にどんどん入れていくという手法が注目されています。これらに加えて、デジタルマーケティングや、海外進出のさまざまなネットワークも併せて導入すれば、会社全体のレベルが一段とアップします。

つまり、投資先会社からすれば、資金調達がひとつのきっかけにはなりますが、それによって、外部にあるデジタル化やグローバル化の知見を獲得できるという部分が、企業を成長させるうえで、極めて重要な意味を持ってきます。それが、今後10年間において変革の対象となる、中堅企業が生き残るためのソリューションになるのです。

また、このように時代が大きく変わるなかで、経営者自身も学び、変わっていく必要がありますし、デジタル化とグローバル化に対応できる社員を育成することも大事です。特に、今のような変化が激しい時代は、中長期的な経営計画を策定しようとしても、思うようにいかない部分があります。

だから、そこは経営者が柔軟な発想を学ぶことによって、業界の進化の方向性を見出したり、オープンイノベーションにおける合従連衡で何か新しい価値を発見できたりすれば、その会社は、他の会社に比べて一歩前に抜きんでることができると思います。従来は、何か他の会社にはない経営資源を持っているとか、特許を持っているといった点が、企業間競争における優位点になったのですが、これからはそうではなく、経営力そのものが、競争優位性の源泉になるのだと思います。

これからの日本における成長セクターは

では、これからの日本で成長が期待できる分野は何なのでしょうか。

業種に関しては、すでにこれからの成長株が見えてきています。具体的に挙げると、医療、金融、教育、農業、そしてサービス業全般です。もっと言えば、ＩＴ革命によって世界の変化を牽引してきたバーチャルな情報産業ではなく、リアルな業種がデジタル化とグローバル化の波を受けて、これからの注目株に育っていくのです。

これは、あらゆる産業が新しいものに生まれ変わるプロセスです。そこには必ず、今までの常識に囚われない、新しい業態のビジネスが生まれます。そういう会社は、新しいビジネスの方法によって、これまでのトップ企業をひっくり返してしまうだけの力を持っています。Uberは、既存のタクシー業界にとって目の上のタンコブですし、Airbnbだってホテル業界、旅館業界にとっては、それこそ自分たちの足元を揺るがす存在として、まさに敵視しています。そういう下克上の世界が、これからはさまざまな業種で起こるでしょう。

これからの10年、20年、30年は、「第四次産業革命」とか「コネクテッド・インダストリーズ」と称されるように、ありとあらゆるジャンルにおいて、デジタル化とグローバル化を核にした変化が生じていくでしょう。

第5章

日本の未来を切り開く経営の志

これからの日本企業にとって必要なのは「志」だ

すでに本書で何度も触れてきたが、日本はすでに先進国の中では、どの国も経験したことのない人口減少社会に入っていく。

今まで、右肩上がりの成長を前提にしてきた経済構造は、人口減少社会の到来によって、大きな転換を余儀なくされる。消費の総量はどんどん減っていくだろうし、それに伴って企業の売上も減少傾向をたどるだろう。企業だって、今のような数は不要になるはずだ。

だからこそ、いよいよ日本のあらゆる業種・業界において、大規模な再編劇が繰り広げられるようになる。その再編劇の舞台にうまく乗れなかった企業は、消滅することになる。

そういう厳しい時代を乗り切るには、どうすればよいのだろうか。

私は、これからの10年を、中堅・中小企業にとって「第二の創業時代」だと、本書を通じて申し上げた。

では、そういう時代を迎えるにあたって、大再編劇の舞台に上がれるようにするには、何が必要なのか。それは本書を通じ、さまざまな角度からポイントを申し上げてきたが、やはり一番大事なことは、「志」を持つことだ。どの企業も、経営規模にかかわらず、創業時には大いなる志を抱いているものだ。

しかし、経営規模が大きくなるにつれて、残念なことに、創業者の志が徐々に全社員に対して浸透しにくくなってしまう。それは、いわゆる大企業に見られる現象ではなく、数十名の中堅・中小企業においても当てはまる。それほど、創業者の想いを組織に定着させ、かつ何代にもわたって、その想いを伝え続けるのは難しいということだ。

とはいえ、「難しいからできない」では済まされないのが、これからのメガ再編時代である。会社を売る立場であったとしても、より良いM＆Aを実現させるためには、創業時の志を持っているか否かによって、状況は大きく変わる。志も何もない企業を相手にするところは、どこにもない。だからこそ、大再編時代を目の前にして、多くの企業が取り組むべきことは、経営トップをはじめとして全社員が、創業時の志をもう一度、思い返すことである。

本章では、「創業時の志」をテーマにして、二人の経営者からお話を伺った。

イノベーションを起こせるのは信念

freee株式会社 代表取締役

佐々木大輔氏に聞く

一橋大学商学部卒。一橋大学在学中に、ストックホルム経済大学（スウェーデン）に留学。卒業後は博報堂に入社。その後投資アナリストを経て、株式会社ALBERTの執行役員に就任。2008年に Google に参画。日本におけるマーケティング戦略立案、Google マップのパートナーシップ開発や、日本およびアジア・パシフィック地域における中小企業向けのマーケティングの統括を担当。2012年7月にfreee 株式会社を創業。

広告を通じて目覚めた日本のテクノロジー活用への問題意識

ｆｒｅｅｅ株式会社を立ち上げる前、私はグーグルで5年ほど、ＡｄＷｏｒｄｓ（アドワーズ）という、オンライン広告の普及を図るための部署で働いていました。

かつて広告というと、企業が広告代理店にお願いして作ってもらうものであり、それには莫大な経費がかかるというのが一般的な認識でした。一定の規模を持つ企業でなければ、広告など打てるはずがないと考えられていたのです。

それが、ＩＴをはじめとするテクノロジーの発展によって、これまで中小企業にとって資金面のハードルが高かった広告が、オンラインを通じて簡単に申し込むことができ、しかも安価に、世界的規模で広告を発信できるようになりました。中小企業にとって、オンライン広告という新しい手段があることを知っているのと知らないのとでは、ブランディングの面で圧倒的な差が生じる時代になったのです。

ところが、日本の中小企業のビジネス規模は、他の先進諸国と比較してまだまだ小さいし、成長率も低い。当然、中国やインドなどの新興国と比べても、規模や成長率の面で後塵を拝していました。

なぜでしょうか。それは日本の中小企業の場合、自分たちのウェブサイトを持っているかどうか、ファクスや電話など旧来型ではない新しいコミュニケーション手段を十分に使いこなせているかどうか、クラウドサービスを活用しているかどうかなど、インターネットの基本中の基本ともいうべきテクノロジーの活用が、実はほとんど進んでいなかったからです。

それに気付いた瞬間から、日本の中小企業のテクノロジー活用をぐっと推し進めることはできないのか、という問題意識を持つようになりました。

また、グーグルの前に勤めていたアルベルトという会社での経験も、今のビジネスにつながっています。その会社へはCFOとして入り、財務だけでなく資金調達や経理、経営戦略など、さまざまな分野に関わっていたのですが、ある時、経理担当者がほぼ1日中、数字の入力作業に忙殺されていることに気付きました。「これ、絶対にやり方が間違っているはずだ」という疑いを持って、一つひとつの作業工程をチェックしたのですが、結論から言えば全く間違いはありませんでした。どの作業にも意味があって、やらなければならないものばかりだったのです。ただ、その時ふと頭の中をよぎったのは、会計ソフトが単に帳簿を付けるだけでなく、もっと業務フロー全体を考慮した設計になっていたら、ひょっとすると煩雑な入力作業が要らなくなるのではないかということでした。

会計ソフトのイノベーションは中小企業の機動力と生産性を高める

オンライン広告は、ある特定の業種で大きな効果が生まれる反面、効果が期待できない業種もあります。しかし経理は、大企業でも個人事業主でも必要不可欠です。したがって、この部分の作業工程がインターネットによって簡素化されれば、「中小企業のテクノロジー活用」という問題意識のど真ん中に応えることができるはずだと考えました。

これはグッドアイデアだと思って人に話すと、「会計ソフト業界なんて30年間、何も変わっていないし、今後も変わらない。中小企業の人たちにクラウドなどテクノロジーの話をしても、難しすぎて伝わらないから、絶対やめた方がいい」というのが、ほとんどの答えでした。

でも、そうではない。逆に中小企業の人たちが、「どうしてこれをインターネットのテクノロジーを使ってできないんだ」と、私たちに求めてくるような時代を創っていかなければならない。そう思った時、テクノロジーの進化で経理という仕事を大きく変えられるのではないかと思いました。経理というと、非常に地味なイメージがあるのですが、私にはそれが、とてつもないポテンシャルを持つ、ボウリングのセンターピンのように見えたのです。

次に、会計ソフトのクラウド化が実現すると、そこに面白いオポチュニティが生まれると思いました。たとえばA社とB社が商取引をした場合、見積もり、契約、請求書による決済という事務プロセスが発生し、そこに必ずコストがかかっています。しかし両社が同一クラウドの会計ソフトを使うと、事実上ネットワークでつながっているのと同じことになります。そのため、ワンクリックで商取引が行われ、取引データがお互いの帳簿に自動反映されるような環境が実現し、事務コストもゼロになります。

さらに言えば、クラウドにはB toBの取引情報がすべて記録されるだけでなく、会計ソフトを使っているユーザーの財務情報もすべて入っているので、この手のデータベースが、また新たな価値を生んでいく可能性を持っています。

具体的には、企業の財務情報を分析して与信の際の条件、あるいは与信の可否を人工知能によって決めるということが、普通に行われるようになるでしょう。資金を調達する側である企業にとっては、資金繰りの最適化を図るためのコンサルティング的な機能として活用できるはずです。

これらが実現すると、これまでどちらかというと弱い立場と見られてきた中小企業ほど、機動力があるし、生産性も高いし、恰好良く仕事をしていると思われる時代を創れるのではないかと考えるようになりました。そのワクワクを実現できたら面白いと思って、ｆｒｅｅのビジネスを立ち上げたのです。

前述したように、グーグルで働いていた時、日本の中小企業がテクノロジーを受け入れようとしない現実に気付いたわけですが、よくよく調べてみると、これまで会計ソフトでイノベーションを起こそうとした人がいなかったのも事実です。それは、何か構造的な要因があるからなのか、あるとしたらその要因を明らかにし、世の中で共有する意義はあると思いました。

ただ、実際に起業してみて分かったのですが、皆、何となく先入観に囚われて試していなかっただけだったのです。

企業のバックオフィスは二つの業務に集約される

10年後、ｆｒｅｅのサービスが世の中に浸透することにより、さまざまな領域で大きな変化が現れると思います。

第一に、完全自動化が実現すること。たとえば金融機関が行う少額融資は、会計ソフトを通じてクラウド上に蓄積されたデータを用いて、その可否を人工知能が判断するようになるでしょう。つまり人が要らなくなります。

半面、一定の額を超えた融資や、真の意味で創造性の高い案件への融資については、人間の判断が関わっていくのだと思います。

これは会計事務所も同じで、たとえば帳簿を付け、申告するまでのプロセスが、どんどん自動化されていきますから、このプロセスに割いていた労働力は要らなくなります。し

かも、それは他の会計事務所との差別化要因でもなくなります。

結果、会計事務所は低コスト、かつ簡易的なパッケージによって、創業したての小さな会社向けにサービスを提供するところが出てくる一方、クラウド上に蓄積された財務データを活用して、より高度な経営レベルのコンサルティングを行うところも出てくるでしょう。多くの会計事務所はこれまで、1年間の決算を作るのがメインの作業でしたが、会計ソフトでその部分が自動化されるので、今後は数字から何を見出せるのか、どのようなビジネスにつなげていけるのかといったことを、きちんと顧問先の企業に対してアドバイスできるかどうかが、存続していくうえで重要になってきます。

このように考えると、企業のバックオフィス部門自体が、大きく変わっていくという未来図が描けます。そして、これは決して完全に未来の話ではなく、現在進行形の話です。恐らく今後10年というスパンではなく、3年から5年くらいで、バックオフィスの機能は完全に切り替わると思います。

具体的には、会社内での事務作業が無くなります。

では、それに代わってバックオフィスは何をするのかということですが、ひとつはデータを分析することで経営の方向性をナビゲートする、経営戦略的な役割。もうひとつは、結局仕事は人間がやっていることなので、人が高いモチベーションを持って楽しく働ける環境を創る役割。バックオフィス部門が担うのは、この二つの役割に集約されていくはずです。この二つの役割が、本当の意味で企業の競争力を高めるうえで重要なテーマになり、それ以外はすべてスリム化されていくのが、これからの企業組織の在り方だと思います。

批判やリスクも乗り越えていく

突拍子もない考えだと思いますか。

でも、過去のテクノロジートレンドを見ると、「そんなサービスは受け入れられないはず」とか、「こんなリスク、問題点がある」と、散々批判されたものでも、最終的には、そのリスクや問題点を潰せるところまで、テクノロジーが進化することに気付くでしょう。グーグルだって、出始めの頃は、「検索エンジンなんて、自分から能動的に興味のあることを調べる人には受け入れられても、本当の意味で、一般大衆化されるまでにはならないはず」といわれていましたが、今ではその考え方が大きな間違いだったことは明らかでしょう。

つまり、私が今、ここに挙げたことは、近未来の想定範囲内なのです。その気にさえなれば、どんな批判も乗り越えて世の中を大きく変えていくだけの力が、テクノロジーの進化にはあると信じています。

Interview

業界再編は志のある経営者が主導する

（聞き手・日本M&Aセンター渡部恒郎）

株式会社レノバ　代表取締役会長

千本倖生氏に聞く

京都大学工学部電子工学科卒業、フロリダ大学Ph.D。
日本電信電話公社（現在のNTT）入社、その後、1984年に第二電電株式会社（現在のKDDI株式会社）を稲盛和夫氏らと共同創業し、専務取締役、取締役副社長を歴任。1995年に慶應義塾大学、大学院教授に就任。カリフォルニア大学バークレー校経営大学院客員教授を歴任。1999年にはイー・アクセス株式会社を創業。代表取締役社長、代表取締役会長などを歴任。2005年イー・モバイル株式会社を設立し、代表取締役会長CEOに就任、同社の拡大をリードしてきた。2014年4月に株式会社レノバ社外取締役に就任。2015年8月より代表取締役会長に就任。

電話料金の歴史的大転換

渡部：千本さんはこれまでに社内ベンチャーを含めて四つの会社の立ち上げにかかわり、現在は五つ目の会社の舵取りをされています。アントレプレナーシップを体現されているといっても過言ではありません。そのときどきの決断には非常に興味がありますが、まずは第二電電（現在のKDDI）立ち上げ時のお話を聞かせてください。

千本：私も70歳を過ぎましたが、確かに自分の人生はすごく面白いなと思います（笑）。振り返ると、これまで私の人生で三つの大きな波がありました。最初の波は電話革命でした。当時は電信電話は国家が独占していて、電話はあらゆる産業の情報伝達の基本インフラだったにもかかわらず、料金がひどく高かったんですよ。特に高かったのが市外通話。東京～大阪のわずか500キロ間の電話料金は3分間400円でした。1時間しゃべったら8000円ですよ。

渡部：経営に与える通信コストのインパクトが莫大だったのですね。

千本：そう。市外通話で大阪に電話する時には課長の了承が必要でした。ほかの会社もみんなそうです。

渡部：アメリカは違っていたわけですよね。

千本：すでに競争状態に突入していました。ニューヨーク～ロサンゼルスは、東京～大阪の約10倍の距離ですが、電話料金は日本の10分の1ぐらい。ところが、日本は独占でやっているので、競争相手がいないし、電話という当時の基幹産業の利用者は1種類のメニューしか選べない。料金は高いままでした。NTTの民営化は歴史的な大転換点だったんです。

京セラの稲盛氏への二つの要求

渡部：どうして千本さんは第二電電を立ち上げられたんですか。巨大組織の一員であり、部長職としてたくさんの部下を抱えられていたとお聞きしています。

千本：本当の電話革命を起こすには、NTTに対して健全に挑戦を表明して競合状態を作れるような企業の存在がいる。NTTの民営化だけでは50点足りないと思ったんですよ。

渡部：あと50点の存在がコンペティターなんですね。

千本：競合がなければ日本全体の消費者にとってメリットがない。じゃあ、どこの誰がそういう強烈な会社を作れるか。その時に思いついたのが、京セラの稲盛和夫さんです。前から「すごい経営者がいるな」と思っていたので、この人が一緒にやってくれたら、世の中を変えられるかもしれないと考えた。タイミングよく、私が「将来のIT戦略」

というテーマの講演をした時に聴衆として稲盛さんが来られていたので、その後お会いすることになり、国民のためにも決定的な電話改革を一緒にやってくれないかと持ちかけました。そして、二つのことをお願いしました。一つはアントレプレナー的な経営・企業思想です。

渡部：**もう一つは資金ですか？**

千本：当たり（笑）。当時、稲盛さんは50代でしたが、すでに京セラは2000億～3000億円の事業規模で、内部留保が1000億円以上あったので「内部留保から資金を出してください」と図々しくもお願いしました。すんなり受けてくれるとは予想していなかったのに、1週間ぐらいして「千本さん。やろうよ」と電話がかかってきたので驚きましたね。ただし条件を一つ、突きつけられた。私がNTTを辞めるという条件でした。正直なところ、私は辞める気はなかったのですが、国家的使命にかけてみようと稲盛さんが考えてくれるのであれば、自分も覚悟を決めようと思いました。

渡部：**周囲からはかなり反対されたのではないですか。**

千本：それはもう、上司も含めて社内は全員反対です。

渡部：**大反対されながらも決意された決め手は何ですか？**

千本：私は子供が4人いて、当時、一番下の子は乳飲み子でしたが、周囲で家内だけは「世の中のためになることならやったほうがいい」と言ってくれましてね。

渡部：腹の据わった奥様が素晴らしい。稲盛さんという優れた経営思想を持つ経営者と、電気通信事業知識を持っている千本さんとの出会いが、本当の意味での電話革命を起こし、NTTに並ぶ社会的存在の第二電電を作ったんですね。

千本：「この国の電話インフラを世界に負けないようなものにしたい」という純粋なミッションがあったから、6兆円超の会社に成長できたと思います。巨大な変革を志すなら強い意志がないとだめ。そして、それをやり抜くには素晴らしい経営陣、パートナーが欠かせません。

アメリカの頂点から資金調達をしよう

渡部：千本さんにとっての第一の波が「電話革命」なら、第二の波は「インターネット革命」。イー・アクセスの立ち上げですよね。インターネットの世界で起業され、最終的にはソフトバンクに売却された。

千本：そうです。2000年頃の日本を海外から見るとインターネット後進国でした。日本はアメリカに5年は後れを取っていたので、この状況をなんとかしなければと思い、イー・アクセスを立ち上げましたが、お金の調達に関しては本当に苦労しました。ゴールドマン・サックスのエリートアナリストのエリック・ガンという人物と出会会い、「日本のインターネットに大革命を起こそうよ」と意気投合したのがイー・アクセス立ち上げのきっかけですが、今度は京セラのようなバックがない上に、日本のベンチャーキャピタルも金融機関も未熟でまったくお金を出してくれなかった。そこでアメリカの中で一番優秀な投資銀行であるゴールドマン・サックスからお金を調達しようと計画を立てました。

渡部：頂点を攻めようということですね。

千本：どうせならトップに行きたいじゃないですか。3か月かかって英語のビジネスプランを作成し、翌年の2000年の1月2日にニューヨークに飛び、ゴールドマン・サックスの本社でCEOに直接面談し丸一日かけて、いかに日本のインターネットが後れているか、逆にいえばいかに日本にはインターネットのビジネスチャンスが豊富にあるかをとうとうとプレゼンしました。ただ、その場では「分かった」と言ってくれたものの、そこからが大変でした。投資銀行には、国際投資委員会（インターナショナル・インベストメント・コミッティー）という組織があって、何度も査問があるわけです。ロンドン、ニューヨーク、パリなどゴールドマン・サックスの世界中のパートナーが集まって、細かく鋭い質問の集中砲火を受けました。

渡部：想像するだけで強烈な場面ですね。

千本：委員会では全委員より機関銃のように質問されますから、それに対して機関銃のように返さないといけない。ようやく終わったと思ったら「よく頑張った。ご苦労さん。さようなら。帰れ」（笑）。

渡部：でも、OKの返事が来た。

千本：2週間ぐらいたってから「投資しましょう」の返事をもらいました。世界でもっともタフで、もっとも困難なところからおカネを取ることができたことが、イー・アクセスの成功の秘訣だったと思います。その後、世界最大の証券会社モルガン・スタンレーや香港やシンガポールのベンチャーキャピタル、だいぶ後になりましたがやがて日本の金融機関も「投資したい」と言ってきましたから（笑）。

ピンチをチャンスに変えて飛躍のバネに

渡部：イー・アクセスは2000年に設立して、2003年には東証マザーズに上場し、1年後の2004年には東証一部に上場しています。これは最短ですよね。日本のインターネットはものすごい勢いで広まりました。

千本：でも、ソフトバンクのYahoo! BBという競争相手が出現した時には追いつめられました。

渡部：覚えています。Yahoo! BBが打ち出した価格はインパクトがありました。

千本：Yahoo! BBは派手なキャンペーンを繰り広げて2200円という価格を打ち出してきた。当時のイー・アクセスの原価ぐらいの料金です。正直、私は「うちの会社は潰れる」と思いました。

渡部：**その危機をどう乗り切ったんですか。**

千本：一度は倒産を覚悟しましたが、一晩考えて翌日に全社員を集めて、あえてニコニコしながら宣言しました。「孫さんが殴り込みをかけてきたということは、市場はいままで予想していた規模の10倍にはなるだろう。ここでわれわれがやるべきことは、Yahoo! BBのプライシングを下回るビジネスプランを考え直すことだ。全社をあげて、従来のプランをすべて洗い直そう」。そう言って、1か月かけて全ビジネスプランを見直し、Yahoo! BBのビジネスモデルよりも強烈に筋肉質のプランを作り出すことができたんです。

渡部：**ピンチをチャンスに変えたわけですね。**

千本：そう。そのおかげでイー・アクセスは創業3年で黒字転換し、2003年にはIPO（株式公開）も果たして、すぐ一部上場に上がりました。孫さんは最大の敵であり、最大の恩師ということですね。

渡部：**その孫さんからイー・アクセスを買いたいという申し出があったときに、お受けになったのはなぜですか？**

千本：ある日突然、彼が夜中に電話をしてきたんです。「御社を買いたい」と。私は即座に断りましたが、彼は絶対に諦めない（笑）。ずっと私にラブコールを送ってきた。結局、ゴールドマン・サックスの日本法人社長の持田さんがこのM&Aのアドバイザーになって、巨大なM&Aをわずか1週間余りでまとめあげました。

渡部：千本さんと孫さんの真剣勝負だったんですね（笑）。

グリーンエネルギーの時代へ

渡部：「電話」「インターネット」に続く千本さんにとっての第三の波が、「グリーンエネルギー」。現在のレノバですよね。なぜエネルギー分野でチャレンジされたんですか?

千本：イー・アクセスを売却した後、ソフトバンクの役員を退任したので、私はいきなり自由になりました。周囲からは「お金も自由もあってうらやましい」と散々言われましたが、少し経つと自分でも分からないが、とたんに元気がでなくなったんです。そんなときに、ある人を介して、レノバの現社長の木南と出会いました。

渡部：千本さんがレノバのどこに惹かれたのか、興味があります。

千本：木南社長はもともとマッキンゼー・アンド・カンパニーの極めて優秀なコンサルタントで、周りも優秀な人材ばかり。でも、私は彼にこう言いました。「頭のいい人間ばっかり集まって会社を経営してもだめだよ。会社というのは全体をまとめる力、社員をひと塊にする力、そのビジョンをきちんと社会に対して発信する力がないと、社会に変革は起こせない。そのままではグリーンエネルギーの小さなベンチャーで終わっちゃうよ」。そうしたら、「それなら会長になってください」と言われた（笑）。ちょうどふらふらしていたときだから、これが人生の最後の革命になると思って引き受けたんです。

渡部：中に入られていかがでしたか?

千本：優秀な人が集まってはいるけれど、ガバナンスは全然できてなかったですね。だから、ガバナンス体制を全部入れ替え、主幹事証券も入れ替えて、1年かけて今年の2月に上場を果たしました。グリー

ンエネルギーはいずれ日本のエネルギーの主流になりますよ。世論を考えると、恐らく日本の原発はあと1基か2基動かすのがせいぜいでしょう。あの福島の事故以降、日本の世論は原発から心が離れているし、もっとクリーンなエネルギー源に持って行かなければなりません。

渡部：日本のグリーンエネルギー度はまだ低いですよね。

千本：ヨーロッパではすでに50％以上の国もあり、アメリカでも十数％。アジアで見ても、日本は中国やインドよりグリーンエネルギー度が低い。日本だけ4～5％の数字ですから、グリーンエネルギー最後進国です。エネルギー資源は原子力、石炭、火力にいまだに頼り切っている。状況は歴史的に大きな間違いだと思います。

アメリカの根底に流れる価値観に触れた経験

渡部：それにしてもNTTという大組織にいらした千本さんが、なぜここまでアントレプレナーであり続けられたのか。何が千本さんの価値観を形成したんでしょうか？

千本：私は、大学を卒業後、NTTに入り、その後フルブライト奨学金の試験に受かって、1967年にアメリカの大学院に入学し電気工学の工学博士号を取りました。このときの経験が大きいですね。大学で私と同室だったジョン・ヒスロップも典型的なアメリカのエリート。彼はいつもきれいな言葉で会話をしていました。英語にはフォーレターワーズという罵りの汚い言葉がありますが、その彼が私に向かってそのフォーレターワーズを発したことがあったんですよ。

渡部：どういう場面だったんですか？

千本：「どこの会社に勤めているの」と聞かれたので、誇らしげに「日本を代表する国営の巨大な企業に勤めている」と答えたら、彼が「サチオ、××××！」とフォーレターワーズを口にした。もう大カルチャーショックですよ。「そんな素晴らしい企業を経験してから大学院に来たのか」という賞賛の言葉が返ってくると思ったら、出てきたのは180度逆さまの言葉でしたからね（笑）。

渡部：アメリカでは国営の巨大独占企業勤務はあまり評価されないんですね。

千本：全然されない（笑）。価値観がまったく違います。ピルグリム・ファーザーズたちが「メイフラワー号」に乗ってボストンの沖に着き、開拓を進めてきたフロンティアスピリッツの歴史がアメリカ社会の根幹にあるんですね。新しい牧草地を作って羊を飼い、牛を飼い、100年の時間をかけて挑戦を続けフロンティアを開拓していった。これがアメリカの精神であり歴史です。

渡部：フロンティアスピリッツがいまも連綿と流れているんですね。

千本：彼らにとっては、国の保護のもと安定した大企業に属するというのは素晴らしいことではない（笑）。脈々と受け継がれてきたフロンティアスピリッツが上の層だけじゃなくて、大学生や庶民のレベルにまで社会的価値観として深く浸透していることを理解できるまでに半年かかりましたが、ようやく「そうか。ジョンはそういうことを言っていたのか」と身に沁みた。この経験が私のその後の人生に、革新的なインパクトを与えています。

『義』のある会社は社会からサポートされる

渡部：千本さんのアントレプレナーシップの根底には、社会を良くしたいという思いを強く感じます。

千本：ベンチャー起業家には、社会正義というのかな、「社会で大きく役に立つこと、『義』のあることをやれ」と言いたいですね。『義』のあることをやらない限り、大きな事業は決して成功しませんよ。

渡部：心に刻みます。

千本：日本の若いベンチャー経営者には、本当に社会の根幹の魂の部分に変革をもたらしてほしい。強い心のよりどころがあると逆風が吹いても負けませんよ。

渡部：『義』のある事業が何よりも強い。

千本：その通り。国の根幹を正しい道に持っていくんだと確信を持って事業をやっている限り、社会からサポートされます。たくさんの方がお客さんになってくれるということですよ。

渡部：**最後に、千本さんは10年後の日本をどう描かれていますか？**

千本：日本が、グリーン国家として世界の中で有数の存在になることです。いまシリコンバレーの中の最大のキーワードは「グリーン」。グーグルにしろ、フェイスブックにしろ、いかにグリーン化するかを社のミッションとして真剣に取り組んでいます。グリーンエネルギーは日本ではまだマイノリティーですが、レノバという会社がベンチャーとしてこの社会全体に大変革をもたらし、この日本を世界の中で尊敬されるグリーン国家に変えていきたい。稲盛さんに教えてもらったアントレプレナー的な経営思想を注入して、リスクを取りチャレンジングに、かつ強烈に効率的な経営を実現すれば、日本は世界に冠たるグリーン国家になる。それこそがリーディングカンパニーになるレノバの社会的責務だとも思いますね。

おわりに

10年後の日本が経済的にも精神的にも豊かになっていることを願う

戦後、日本が経済的に復興し、躍進を遂げたのは、偉大な創業者がゼロから事業を立ち上げ、日本経済を良くしようというビジョンを持って、国民生活の向上を目標にしてひたすら走り続けたからだ。

その後、1980年代に日本が経済的に成功した大きな要因は、「真似る」のが得意だったからではないだろうか。当時の日本は人口ボーナス期で、ひたすら人口が増える一方であり、大量生産、大量消費が日本の経済水準を底上げした。こうした右肩上がりの時代においては、同じような客層に、似たような商品を提供し、改善を重ねることで成長するという、モノカルチャー的な経済行動が、成長の源泉となった。

しかし、時代は変わった。日本は成熟したマーケットとなり、競争は激化していった。ライフスタイルは多様化し、細分化されたマーケットで勝ち抜くためには、画一的な製品では通用しなくなった。似たような製品ばかりを作り続けてきた結果、消費者が飽きてしまったのだ。しかも大量生産は、中国をはじめとして、安い賃金で大勢の人を雇える発展途上国が得意とし、技術面で本質的な価値がないものは、他国にシェアを奪い取られてしまった。アメリカはイノベーティブな商品を出し、ヨーロッパは伝統的な重みのある商品で市場を勝ち抜こうとしている。

また、日本企業は最先端技術の開発競争にこだわるが、そういった開発競争にのみ込まれることなく、経営手法を進化させることで過去の延長線から抜け出し、イノベーションを起こした事例が発展途上国から続出している。インドは発展途上国でありながら革新的な製品やサービスを生み出している国だ。たとえば、これまで自動車は「富裕層」専用の乗り物だったが、タタ・モーターズは、わずか2000ドルで購入できる車、「ナノ」を新興市場で販売している。

「ライフスプリング・ホスピタルズ」という、下位中流層の人々に向けて安全かつ低価格な出産医療サービスを提供する会社は「専門特化」と「経営の効率化」を組み合わせることによって、サービスの質を落とさずに、出産費用を下げた。「費用削減」と「生産性の向上」を実現するために、多機能型の総合病院ではなく分娩に徹底的に特化したのだ。

私立病院では1人の医師が1週間当たり1~2件の分娩手術を行うのに対し、ライフスプリングの医師は、各自1週間につき4件から5件の分娩手術を担当している。なぜそれが可能かというと、ライフスプリングの医師は、他の大半の病院の場合と異なり、事務的な作業を免除されている。そのうえ、通常分娩と帝王切開に特化し、合併症などが生じれば他病院に搬送しているため、業務を明確化かつ標準化できているのだ。

いまでは病院数も12に増え、4万7000人以上の赤ちゃんがここで産まれたという。経営の工夫次第で新たな価値を顧客に提供することが可能になるという好例だ。

アラビンド・アイ・ケア・システムは、4台の手術台を並べ、2名の医師が隣り合った台で手術を行う「流れ作業方式」により、一つの手術が終われば既に次の手術の準備ができている状態にすることによって、白内障手術をわずか16ドルで実施できるようにした。

また、他の企業では、「電話」を軸に医療従事者の再編成を行い、6000人の医師からなるネットワークで患者と医師を結びつけ、不要な診療を60%も減らし、医療費の削減に役立てているケースもある。

これまでの常識を疑い、顧客が本当に必要とするものは何かを考えることで、企業は変わることができるのだ。

多くの日本企業は「過去からの延長」に囚われ、イノベーションが起きなくなり、失速していった。競争ではなく、協調して次のステップに進むべき時代が来たのではないだろうか。

これからの10年間で価値ある企業となるためには、会社を生まれ変わらせる「第二創業」が必要だと考える。日本全体の最大の課題である、経営者の事業承継や産業の業界再編を良い機会として「第二創業」し、「ビジネスを進化させる」ことが求められているのだ。

たとえば、JTBは旧国鉄のチケットの代理販売から、団体旅行のパッケージツアーの大量販売へと進化した。現在ではオンライン旅行会社が台頭、団体旅行は減り、旅行者も海外旅行を個人で手配するようになった。サービスが広がるにつれて、利用者の行動様式も変わっていくため、さらなる脱皮を求められる。

「過去からの延長」が通用しなくなるのは、企業だけでなく個人も同様だ。周囲と同じようなものを良いと感じ、同じような商品を購入し、同じような企業で働くという人生をつまらなく感じる人が増加し、個性を大切にする文化へと移り変わっている。経済的には十分に発展した日本において、精神的にも本当に価値のある人生を送るには、人生においても第二創業が必要だろう。

企業においても、個人においても大切なこと、本質的な価値とは何だろうか。

伊勢神宮は、式年遷宮に代表されるように20年ごとに常に同じ状態を保っている。高層マンションの価値は、建てたときから年々下落していくが、一方で伊勢神宮の「本質的な価値」は年々増加していく。「歴史が大切にされているという精神的な価値」と、常に新しい状態を保つという「高度な技能による物質的な価値」の両輪によって、多くの人の拠り所となりえる「本質的な価値」を守り続けているといえるのではないだろうか。

このように、守ることと同時に新しくしていくことで、永く本質的な価値が保たれるのではないだろうか。

10年後、日本の時価総額トップ10に新しい企業が入り、新しいサービスが日本から世界に広まっていることを期待したい。日本の企業が過去からの延長に依存した「サラリーマン的会社経営」から脱却し、ビジョンを持って本質的な価値を生み出す「アート的経営」へと移行することによって、物理的にも精神的にも豊かな社会になっていることを願っている。

渡部恒郎

【執筆協力】

株式会社日本M＆Aセンター

執行役員 医療介護支援部長	谷口慎太郎
コンサルティング戦略営業部 副部長	上夷聡史
業界再編部 上席課長	西田賢史
業界再編部 上席課長	瀬谷祐介
事業法人部 課長	青柳隆司
医療介護支援部 ディールマネージャー	相澤賢宏
医療介護支援部 ディールマネージャー	森山智樹
医療介護支援部 ディールマネージャー	井上元氣
医療介護支援部 M&Aアドバイザー	今市遼佑
業界再編部 M&Aアドバイザー	小林大河
業界再編部 M&Aアドバイザー	田中菖平
業界再編部 M&Aアドバイザー	山田紘己
業界再編部 M&Aアドバイザー	太田隼平
業界再編部 M&Aアドバイザー	江藤恭輔
業界再編部 M&Aアドバイザー	山本夢人
業界再編部	竹葉　聖
業界再編部	一色翔太
業界再編部	寺田俊平
業界再編部	沖田大紀
業界再編部	原　佑輔
業界再編部	田島聡士
業界再編部	石橋　豪
業界再編部	永田雄嗣

【著者紹介】
渡部恒郎（わたなべ　つねお）
株式会社日本 M&A センター執行役員　業界再編部長
1983 年大分生まれ、大阪育ち。京都大学経済学部在学中に入社したベンチャー企業で No.2 となり、関連会社を設立、取締役就任。卒業後、日本 M & A センターに入社。2008 年から 2015 年まで M & A プレーヤーとして同社において累計最多成約実績を誇る。2016 年、新たに業界再編部を立ち上げ、わずか 2 年で売上 25 億円を超える部署に育て上げる。2017 年、同社史上最年少で執行役員に就任。代表的成約案件であるトータル・メディカルサービスとメディカルシステムネットワークの TOB では過去最高のプレミアムを記録した（グループ内再編を除く）。日経ヴェリタスにて「中堅・中小 M&A の第一人者」として紹介されるなど、各種メディアで取り上げられている。著書に『「業界再編時代」の M&A 戦略——No.1 コンサルタントが導く「勝者の選択」』（幻冬舎、2015 年）がある。

業界メガ再編で変わる 10 年後の日本
中堅・中小企業 M&A が再編の主役だ

2017 年 12 月 28 日　第 1 刷発行
2018 年　2 月 12 日　第 2 刷発行

著　者——渡部恒郎
発行者——駒橋憲一
発行所——東洋経済新報社
〒103-8345　東京都中央区日本橋本石町 1-2-1
電話＝東洋経済コールセンター 03(5605)7021
http://toyokeizai.net/
装丁……………………中村勝紀
印刷・製本…………藤原印刷
Printed in Japan　ISBN 978-4-492-96136-0

本書のコピー、スキャン、デジタル化等の無断複製は、著作権法上での例外である私的利用を除き禁じられています。本書を代行業者等の第三者に依頼してコピー、スキャンやデジタル化することは、たとえ個人や家庭内での利用であっても一切認められておりません。
落丁・乱丁本はお取替えいたします。